시나리오 중심의
jamovi 통계분석

제2판

김태성 · 장지현 · 백평구

　사회과학을 공부하는 대학(원)생과 업무상 데이터 분석이 필요한 현장의 실무자들을 위해 통계 개념에 대한 쉬운 설명, 시나리오를 기반으로 한 문제 해결, 무료 분석 패키지인 jamovi의 활용을 중심으로 2020년 본서의 초판이 출간되었다. 여전히 통계의 어려움을 호소하는 사람은 많겠지만, 그동안 본서로부터 도움을 받았다는 고마운 독자들도 적지 않았다. 3년 만의 개정판을 준비한 근본적인 이유이다.

　또 다른 큰 이유는 jamovi의 사용자가 점점 늘고 있고, jamovi 역시 지속적인 업데이트가 이루어져 왔다는 점이다. 특히, jamovi의 강력함과 편리함, 그리고 완전히 무료라는 장점은 한 번이라도 사용해 본 경험이 있는 이들이라면 이구동성으로 인정하고 있었다. 따라서 jamovi의 효용을 극대화할 수 있도록 최신의 내용으로 초판을 수정·보완해야 한다는 데 저자들 간 공감대가 형성되었다.

　이렇게 진행된 개정의 주요 내용은 다음과 같다. 무엇보다 jamovi의 업데이트 사항을 담았다. 지난 3년간 큰 틀은 유지되었으나 계속해서 분석 메뉴와 화면 구성 등에 세세한 조정과 변화가 있었기에 이를 반영하였다. 둘째, 통계의 개념 및 분석과 관련한 내용을 일부 보강하였다. 예를 들어, 멱함수, 더미 변수 등에 대한 설명과 공분산 분석, 확인적 요인분석 등을 추가로 제시하였다. 셋째, jamovi 분석 화면에 대한 가시성을 높이기 위해 스크린샷 그림의 크기를 확대하였다. 이는 자연스럽게 책 판형의 확대로 이어졌는데 바람직한 결과인 듯하다. 넷째, 책의 맨 뒷부분에 주요 용어에 대한 찾아보기 기능을 추가하여 관련 내용 검색에 편의를 도모하였다. 이외에도 독자의 이해와 가독성을 높이기 위한 크고 작은 내용 보완과 편집의 개선이 있었다.

　이 모든 일은 저자들의 힘만으로 이루어지지 않았다. 개정판의 발행을 지원해 주신 박영스토리의 노현 대표님과 작업의 전 과정을 관리해 주신 배근하 과장님의 몫이 크다. 세심한 검수를 통해 개정판의 완성도를 높여 준 김근호 박사의 기여도 빼놓을 수 없다. 지면을 빌어 감사의 말씀을 드린다.

    모쪼록 이 책이 통계의 도전을 마주한 독자들께 조그마한 도움이 될 수 있다면 큰 보람이겠다.

2023년 2월
저자 일동

　교육학, 심리학, 경영학 등을 전공한 사람이라면 학부 수업을 통해 통계 과목을 한두 번쯤 수강한 경험이 있을 것이다. 대학원에서 공부하는 사람은 연구와 논문 작성 등을 위해 통계에 대해 상당한 정성과 노력을 기울인다. 교육 및 HR 분야에서 활동하는 현업 전문가들에게도 데이터 분석 및 통계가 필요한 상황은 종종 찾아오고 앞으로 더욱 그럴 것이다. 데이터의 시대가 아니던가.

　그럼에도 학생들, 특히 사회과학을 전공하는 학생들의 통계포비아는 쉽게 사라질 것 같지 않다. 대학원생들도 대부분 통계를 힘들어하기는 마찬가지이고, 주변의 도움을 받아 어렵게 해결해 나가거나 통계를 활용하지 않는 방식의 연구를 도모하는 경우도 많은 듯하다. 학교가 아닌 업무 현장에서도 통계 분석은 외면되거나 낮은 수준의 분석에 머무르는 경우가 많고, 불가피한 상황에서는 상당한 비용을 치르고 외부의 전문가나 기관에 분석과 해석을 위탁하기도 한다. 아쉬운 일이다.

　이러한 현상의 원인으로 크게 몇 가지를 짚을 수 있을 듯하다. 첫째, 통계는 어렵다는 고정관념이다. 실제로 통계가 쉽다고 할 수는 없지만 소위 문과적 사고체계를 가진 사람들에게 수학적 설명과 공식으로 다루어지는 통계는 어려움을 가중시킨다. 둘째, 통계와 문제해결 사이에 존재하는 간극 때문이다. 그렇지 않아도 어려운 것을 실제에 적용한다는 것은 더욱 난망한 일임에도 대부분의 안내서들은 통계이론 및 도구사용 매뉴얼 중심으로 쓰여 있고, 사례가 제시되는 경우에도 연습문제 예시와 같은 부수적 장치로 활용되는 정도이다. 다시 말해 실제 빈발하는 현장의 시나리오를 통계를 활용하여 해결하는 과정에서 이해와 활용 능력을 배양해 나가는 형식의 접근은 드문 듯하다. 마지막으로, 통계 분석을 실질적으로 가능하게 해 줄 패키지가 (다행히?) 비싸거나 어렵다. 대학교나 연구기관 등에 속해 있지 않으면 SPSS와 같은 전문 통계 패키지를 접하기가 쉽지 않고 개인적으로 구매하기에는 가격이 만만치 않다. Python이나 R 같은 강력한 오픈 패키지도 있지만 코딩 등에 익숙한 사람이 아니라면 다루기 어렵다. 역설적이지만 이런 상황이 우리가 통계로부터 벗어날 수 있는 적당한 방어기제를 만들어 준 측면도 있는 듯하다.

이러한 진단을 토대로 이 책은 기획되었다. 어쩌면 여러 독자들만큼이나 저자들도 힘들어 해왔던 일임을 고백해야 할지도 모르겠다. 따라서 우리는 수학적 공식이나 통계학적 지식이 아닌 활용 중심의 용어와 논리적 설명을 통한 쉬운 통계, 통계의 근본 목적인 문제해결에 초점을 둔 시나리오 기반의 활용 통계, 고가의 패키지가 아닌 누구나 자신의 컴퓨터에서 즉시 실행할 수 있는 jamovi 기반의 실용 통계를 지향하였다. 시나리오, 쉬운 통계이론, jamovi 분석과 해석으로 구성된 장들을 학습해 가며 이전보다 통계와 가까워지리라 본다.

취지에 공감하여 기꺼이 출판을 진행해 주신 박영스토리의 노현 대표님과 편집 과정을 꼼꼼히 챙겨주신 배근하 과장님께 깊이 감사드린다. 결과의 재확인과 이미지 작업 등 완성도를 기하는 과정에 정성과 수고를 아끼지 않은 인천대학교 박사과정의 이상희 원생께도 감사의 마음을 전한다. 또한, 그간 쌓아온 실력과 독자의 시각을 결합하여 최종 검수 작업에 함께해 준 인천대학교 창의인재개발학과 강지훈, 임혜경, 홍유리 석사과정생에게 특별한 고마움과 전도에 격려를 보낸다.

이 책이 통계의 높은 문턱을 넘어 더 멀리 나아가고자 하는 대학(원)생과 현장의 실무자들에게 딛고 넘을 낮은 받침대가 된다면 바람이 없겠다.

2020년 2월
저자 일동

차 례
Contents

본 QR코드를 스캔하거나,
박영사 홈페이지 [도서자료실]에서
본서의 데이터 자료를 다운로드할 수 있습니다.

Part 1

들어가기

기업 활동, 교육, 정책의 기획과 집행 등 다양한 영역과 분야에서 데이터의 중요성에 대한 인식과 데이터 기반의 의사결정에 대한 요구가 증대되고 있다. 전문가의 경험과 직관에 데이터 분석을 통한 실증이 더해진다면 현상에 대한 더욱 깊이 있고 정확한 판단이 가능할 것이라는 공감대 때문이다. 데이터의 뒷받침이 없는 논리는 근거가 취약하고 반론이나 회의적 시각에 쉽게 흔들리지만, 충실한 데이터 분석을 토대로 도출된 결론은 객관성과 신뢰성을 인정받는다.

통계는 데이터 기반의 판단과 의사결정에 중요한 역할을 담당한다. 다행히, 통계 기법과 기술적 환경이 갈수록 발전하고 있어 통계는 이전보다 더욱 가깝고 쉬워지고 있다. 이제 통계의 기본을 이해하고 적절한 도구를 선정하기만 하면 더욱 효과적인 문제해결과 의사결정이 가능해질 것이다.

Chapter 1

분석 패키지 - Excel, SPSS, jamovi

시나리오

기업A는 업무 역량 및 성과 향상을 위해 주요 업무에 있어 데이터 기반의 분석과 평가를 강화하기로 하였다. 교육학, 심리학, 경영학 등을 전공한 멤버들이 다수 있으므로 충분히 도전해 볼 만한 목표로 판단 되었다.

목표 실현의 일환으로 앞으로 중요성이 높은 업무 사안에 대해서는 깊이 있는 통계 분석을 수행하고 의사 결정에 활용하기로 하였다. 이를 위해 관련 소프트웨어나 분석 패키지의 선택이 중요한 역할을 한다고 보고, 평소 사용 빈도가 높은 엑셀, 통계학 시간에 접해본 SPSS 및 최근 새로 등장한 것으로 알려진 jamovi의 기능과 효용을 살펴보기로 하였다.

데이터 분석을 위한 프로그램들을 소개한다.

- Excel
- SPSS
- jamovi

- 엑셀 함수 기능
- 엑셀 데이터 분석 기능
- jamovi 설치
- jamovi 「Variables」, 「Data」, 「Analyses」, 「Edit」 탭 기능
- 파일 관리
- 기술통계, 추리통계

❶ 엑셀(Excel)

엑셀은 오피스 업무 수행을 위한 기능뿐만 아니라 데이터 정리와 분석 측면에서도 강력한 기능을 제공한다. 실제로 엑셀에서는 연산뿐만 아니라 데이터 시각화 및 상당한 범위와 수준의 통계 분석도 가능하다. 여기에서는 엑셀의 모든 기능에 대한 상세한 설명이 아닌 데이터 분석과 통계 측면에서의 주요 기능을 간략히 소개한다.

1) 기본 기능

엑셀의 기본 기능을 이용하여 데이터 세트에 대한 간단한 연산을 수행하거나 도표를 만들 수 있다.

■ 자동합계

엑셀의 「홈」 탭 도구표시줄의 Σ자동합계 기능을 이용하여 데이터 세트의 합계, 평균, 개수, 최대값, 최소값 등을 쉽게 구할 수 있다.

■ 차트 그리기

엑셀의 「삽입」 탭 도구표시줄의 차트 기능을 이용하여 막대형, 원형, 꺾은선형, 분산형 등 다양한 도표를 통해 데이터를 쉽게 시각화할 수 있다.

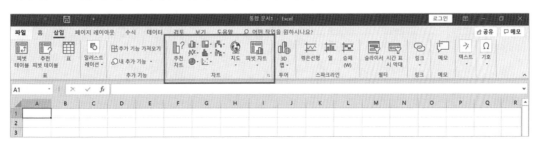

2) 함수 기능

엑셀의 함수 기능을 이용하여 데이터 세트에 대한 복잡한 연산 및 통계적 분석을 수행할 수 있다.

■ 자동합계 or 함수삽입

엑셀의 「홈」탭 도구표시줄의 Σ자동합계 기능 중 '기타함수' 또는 도구표시줄 하단의 함수삽입 기능인 f_x를 클릭한 후 '범주 선택' → '통계'를 선택하면, 평균(AVERAGE), 표준편차(STDEV) 등 기술통계뿐만 아니라 평균비교(T.TEST), 상관관계(CORREL), 회귀계수와 절편(SLOPE & INTERCEPT) 등 다양한 추리통계 분석도 가능하다.

■ 함수 라이브러리

엑셀의 「수식」탭 도구표시줄의 함수 라이브러리에서 '함수 더보기'→ '통계'를 선택해도 위와 동일한 통계 분석 기능이 제공된다.

엑셀 함수 라이브러리에서는 매우 많은 기능이 제공되는데, 쉽게 활용할 수 있는 대표적인 통계 관련 함수는 다음과 같다.

함수명	기능	함수명	기능
AVERAGE	평균	NORM.S.DIST	표준정규분포
CORREL	상관분석	SKEW	왜도
COUNTIF	특정 조건충족 셀의 수	SLOPE	회귀선의 기울기
INTERCEPT	회귀선의 Y절편	STANDARDIZE	표준화
KURT	첨도	STDEV.P	모집단의 표준편차
MAX	최대값	STDEV.S	표본집단의 표준편차
MEDIAN	중간값	T.TEST	t검정
MIN	최소값	VAR.P	모집단의 분산
NORM.DIST	정규분포	VAR.S	표본집단의 분산

3) 추가 기능

엑셀에서 추가 기능으로 제공하는 데이터 분석 도구는 통계 전문 패키지가 수행하는 다양한 분석이 가능할 정도로 강력하다.

■ 데이터 분석

엑셀의 「데이터」 탭 도구표시줄의 데이터 분석을 클릭하면 다음과 같이 기술통계법, 히스토그램, t검정, 상관분석, 회귀분석 등 다양한 통계 분석 기능을 제공한다. 위에 소개된 함수 라이브러리에 들어 있는 기능 중 상당수가 여기 포함되어 있으며, 훨씬 상세하고 다양한 통계 분석 값을 제시한다는 장점이 있다. 구체적인 기능과 방법은 본서 전체에 걸쳐 관련 문제 해결 시 참고 자료로 제시된다.

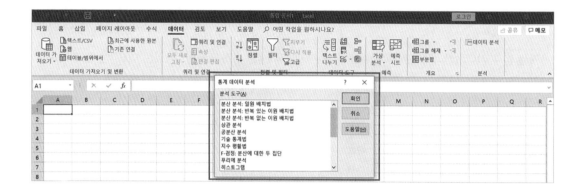

✏️ Tips

엑셀의 버전에 따라 **데이터 분석 도구**가 「데이터」 탭 도구표시줄에 포함되어 있지 않을 수 있다. 이 경우에는 최초 엑셀 실행 시 나타나지 않고 추가기능으로 제공되므로 다음과 같이 설치해서 사용하면 된다.

1. 엑셀의 「**파일**」 탭을 클릭하여 '옵션' → '추가기능' → '분석도구' → 'Excel 추가기능' → '이동'을 차례로 클릭
2. '추가기능' 팝업에서 '분석도구'에 체크한 후 확인 클릭
3. 엑셀의 「**데이터**」 탭을 클릭하여 도구표시줄 맨 우측에 데이터분석 기능 생성 확인

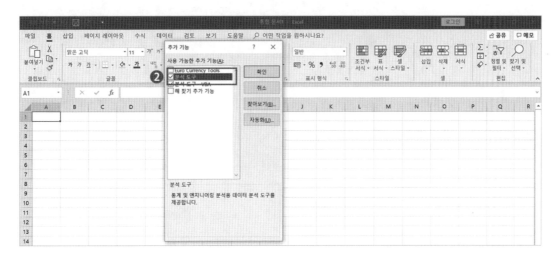

❷ SPSS

아마도 SPSS는 교육학이나 사회과학 분야에서 가장 널리 사용되는 통계 분석 패키지일 것이다. SPSS가 Statistical Package for the Social Sciences의 줄임말이라는 점을 떠올리면 수긍이 되는 대목이다. SPSS는 GUI(graphic user interface) 기반으로 인터넷이나 오피스 프로그램에 익숙한 사람이라면 비교적 쉽게 사용할 수 있고 다양하고 강력한 통계 분석 기능을 제공한다는 강점이 있다.

하지만 고가의 패키지라는 점이 일반 사용자 입장에서 큰 제약사항이고, 이로 인해 학교에서는 사용해 봤지만 학교를 벗어나는 순간 접근이 어려워지는 상황이 연출된다. 필수 과목 이수를 위해, 연구 및 논문 작성을 위해 어렵게 익혔던 것들이 사장되어 버리는 것이다. 이런 이유 등으로 여기에서는 SPSS의 기능에 대한 설명은 생략한다. SPSS에 대한 도서나 참고 자료는 넘치도록 많고, 이 책에서 주로 소개할 jamovi가 상응하는 기능을 제공하기 때문이기도 하다. 다만 여전히 SPSS 환경과 용어에 익숙한 독자들을 위해 꼭 필요한 곳들에서는 SPSS 관련 설명을 덧붙여 제시할 것이다.

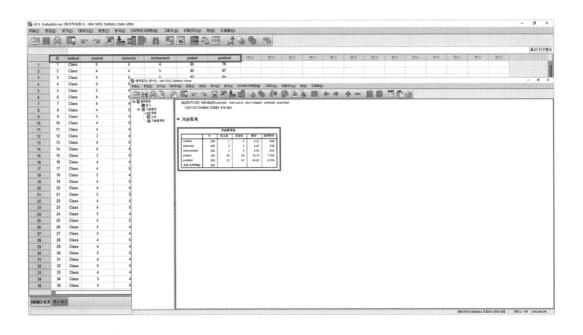

❸ jamovi

최근 등장한 통계 패키지인 jamovi는 강력한 통계 분석 기능과 사용의 편의성을 제공한다(예를 들어, SPSS에서는 데이터 창과 분석결과 창이 별개로 제시되지만 jamovi는 두 창을 한 화면의 좌우에 동시에 제시). 또한, 무료 다운로드 및 자유로운 사용이 가능하고 그때그때 최신 버전으로의 업데이트가 쉽다는 장점도 가진다.

여기에서는 jamovi를 활용한 통계 분석 준비 단계로 jamovi 설치 방법, jamovi 화면 구성 및 파일 관리 기능 등을 간략히 살펴본다.

1) jamovi 설치

jamovi 홈페이지(www.jamovi.org) 접속 후 download → #.#.# solid를 차례로 클릭하여 쉽게 설치할 수 있다(여기서는 집필 시점 최신 버전인 2.2.5 solid 사용).

✏️ **Tips**

- jamovi 다운로드를 위한 인터넷 접속은 크롬(Chrome) 브라우저 사용 권장
- jamovi 설치는 64비트 이상의 컴퓨터 시스템에서 가능
- 다운로드 화면의 #.#.# solid와 #.#.# current 버튼 중 solid는 검증을 마친 안정된 버전이고, current는 최신 베타 버전이므로 일반 사용자는 solid 버전 설치 권장(본서는 2.2.5 solid 버전을 이용하였고 이후 버전 업데이트에 따른 약간의 차이가 발생할 수 있음)
- 본서는 Windows 사용자를 위한 jamovi 중심으로 설명되었고, Mac 계열 컴퓨터 사용자는 화면 하단의 macOS에서 solid 버전을 다운로드 받으면 됨

2) jamovi 화면

jamovi를 실행시키면 「Variables」, 「Data」, 「Analyses」, 「Edit」 탭 및 각종 기능 아이콘 들로 구성된 상단 메뉴 영역, 좌측의 자료 영역, 우측의 분석 결과 영역으로 삼분된 화면이 제시된다. 따라서 좌측 자료 영역에 분석하고자 하는 자료를 직접 입력 또는 불러오기를 통해 위치시키고, 「Data」 탭의 기능을 사용하여 데이터를 정리한 후 「Analyses」 탭에서 적절한 기능을 사용하여 자료에 대한 분석을 수행하면, 그 결과가 우측 영역에 제시되는 사용자 환경을 가진다.

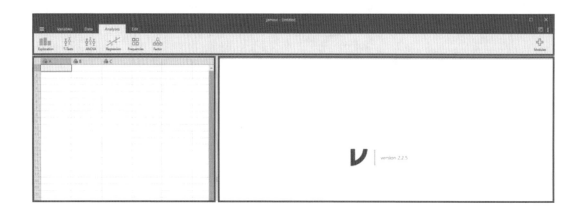

■ 변수(Variables) 탭

「Variables」 탭의 메뉴에서는 준비된 자료의 편집(Edit), 계산(Compute), 변환 (Transform), 삽입 및 제거(Add & Delete), 필터링(Filters) 등의 기능을 제공한다. jamovi 최근 버전에서 추가된 탭으로 전체 변수와 이들의 속성 정보를 일목요연하게 보여주는 역할을 하며, 상세 내용은 2장에서 제시된다.

■ 데이터(Data) 탭

「Data」 탭의 메뉴에서는 준비된 자료의 속성 지정(Setup), 계산(Compute), 변환 (Transform), 삽입 및 제거(Add & Delete), 필터링(Filters) 등의 기능을 제공한다. 상세 기능과 사용 방법은 2장에서 제시된다.

■ 분석(Analyses) 탭

「Analyses」 탭의 메뉴에서는 데이터 분석을 위해 기술통계(Exploration) 및 다양한 추리통계(T-Tests, ANOVA, Regression 등) 기능을 제공한다. 상세 기능과 분석 방법은 본서 전체에 걸쳐 장별 문제 해결 시 각각 제시된다.

📊 통계 개념. 기술통계 vs. 추리통계

기술통계는 그림, 도표, 수치 등으로 수집된 데이터의 속성을 요약하고 제시하는 통계이고, 추리통계는 표본 데이터로부터의 추청치를 통해 표본을 포함하는 모집단의 모수를 추정하거나 모수에 대한 가설을 검정하는 통계이다(우형록, 2015). 선거 당일 투표를 마치고 나오는 유권자 대상의 설문을 통해 최종 선거 결과를 예측하는 예를 생각해 보자. 이러한 출구조사에서 설문조사에 응한 유권자들은 표본에 해당할 뿐 투표에 임한 유권자 전체는 아니다. 투표에 임한 모든 유권자를 모집단이라 할 수 있고 선거 결과는 당연히 이 모집단의 투표 결과로 결정된다. 하지만 개표가 완료되기 몇 시간 전에 출구조사에 임한 표본들의 응답 결과로 최종적인 투표 결과를 예측하는 것을 본 적이 있을 것이고, 많은 경우 실제 개표 결과가 예측과 크게 다르지 않다는 것 또한 확인한 적이 있을 것이다. 여기서 출구조사를 통해 집계된 수치는 표본에 대한 기술통계에 불과할 수 있지만, 일정한 신뢰구간 내에서 모집단에 대해 예측하는 결과를 발표했다면 이는 추리통계를 한 것이다. 이렇듯 모집단의 모수를 추정하는 것을 비롯하여 집단 간 차이나 변수들 사이의 관계에 대한 가설을 검정하는 통계는 추리통계에 해당한다.

■ 편집(Edit) 탭

「Edit」 탭의 메뉴에서는 분석 결과에 대해 글자체, 문단 등의 편집 기능과 공식이나 링크 등 주석 삽입 기능을 제공한다. 따라서 분석 종료 후 「Edit」 탭을 눌러 필요한 편집을 하고 저장하면 향후 참고, 동료와 공유, 다른 문서로 복사 등에 유용하게 활용할 수 있다.

■ 기타

화면 상단 맨 우측의 ⋮ 아이콘에서는 화면크기 조정, 수치 및 확률값의 소수점 위치 지정, 분석에 대한 R 코드를 제공하는 Syntax mode, 결측치 표시 형식 지정 등의 부가 기능을 제공한다.

또한, 「Analyses」 탭의 메뉴 표시줄 맨 우측의 Modules 아이콘에서는 기본 메뉴에 제시된 분석 기능 이외에 추가적인 분석 모듈을 제공한다. 예를 들어, 다양한 형태의 그래프나 차트 기능을 제공하는 모듈이 필요하면 Modules ▶ jamovi library를 클릭한 후 리스트에서 scatr 모듈을 찾아 설치(INSTALL)하면 된다.

3) 파일 관리

jamovi 화면 상단 맨 좌측의 ☰ 탭에서는 데이터 파일 열기(Open), 가져오기(Import), 저장하기(Save, Save As), 내보내기(Export) 등의 파일 관리 기능을 제공한다.

■ 열기(Open)

jamovi 파일뿐만 아니라 엑셀이나 SPSS 등으로 저장된 데이터 파일을 불러와 열 수 있다. 엑셀 데이터의 경우 기존에는 .csv 형식으로 저장된 파일만 열 수 있었으나, 최근의 jamovi 버전에서는 일반적인 형식의 엑셀 파일도 문제없이 열 수 있다.

■ 가져오기(Import)

jamovi에 이미 준비된 데이터 세트와 동일한 변수 구조로 저장된 다른 데이터 세트를 가져와 편리하게 데이터 업데이트 및 분석을 수행할 수 있다. 반복 실험이나 주기적 설문 등을 통한 새로운 데이터 세트를 분석하고자 할 때 데이터 속성 지정 등의 정제 작업을 매번 다시 해야 하는 번거로움을 덜어주는 기능이다.

■ 저장하기(Save, Save As)

작업을 수행한 jamovi 파일을 원하는 위치에 저장할 수 있으며, 파일은 jamovi 파일 형식인 .omv로 저장된다.

■ 내보내기(Export)

작업을 수행한 jamovi 파일을 .pdf, .html, .csv, .sav 등 다양한 파일 형식으로 내보낼 수 있다.

Chapter 2

jamovi 주요 기능

시나리오

기업A는 데이터 기반의 분석과 평가를 위한 첫 단계로 분석 도구에 대해 살펴보았다. 그 결과 가장 범용적이지만 강력한 기능을 가진 엑셀과 최근 등장한 통계 전용 무료 패키지인 jamovi를 적극적으로 사용하기로 하였다. 특히, 데이터 입력과 편집 등은 사용에 익숙한 엑셀을 활용하고, jamovi는 본격적인 사용에 앞서 기능을 깊이 숙지하기로 하였다.

데이터 세트 준비 및 분석을 위한 jamovi의 주요 기능을 소개한다.

- 데이터 세트 준비
- 데이터 세트 정리
- 데이터 분석

- 변수 속성 지정(Setup), 변수 계산(Compute), 변수 변환(Transform), 삽입/제거(Add/Delete), 필터링 (Filters)
- 명명척도(Nominal), 서열척도(Ordinal), 연속척도(Continuous)
- 케이스 수(N), 결측치(missing), 평균(mean), 중간값(median), 최소값(minimum), 최대값(maximum)
- t검정, 분산분석, 회귀분석, 범주형 데이터 분석, 요인분석
- 모수통계, 비모수통계

❶ 데이터 세트 준비

당연한 말이지만 통계 분석을 위해서는 분석의 대상이 되는 데이터가 있어야 한다. 다시 말해, 설문, 시험, 측정 등으로부터 얻어진 자료를 분석하기 위해서는 이들을 잘 입력하고 정리한 데이터 세트가 필요하다.

여기에서는 자료가 입력된 엑셀 데이터 세트를 jamovi로 불러와 여는 방법과 jamovi에서 직접 자료를 입력하는 방법을 소개한다.

1) 파일 열기

jamovi에서는 데이터 분석을 위해 엑셀, SPSS, jamovi 등에서 저장된 데이터 파일을 열 수 있다. 예를 들어, 엑셀 데이터 파일 <Ch.2. Tools>를 다음과 같이 불러와 열 수 있다.

1. 화면 상단 좌측 ☰ 탭 ▶ 열기(Open) ▶ 컴퓨터(This PC) ▶ 파일찾기(Browse) ▶ 파일 선택하여 열기

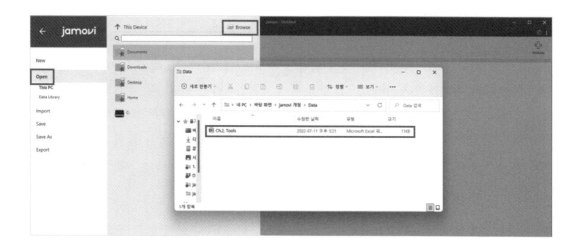

파일을 열면 jamovi 화면의 자료 영역에 엑셀에서 정리된 데이터가 그대로 옮겨 온다. 한 가지 눈여겨볼 것은 엑셀 데이터 파일에서 첫 행이 변수들의 이름(변수명)으로 되어 있었다면 jamovi가 이를 인식하여 자동으로 변수명 위치에 이를 지정한다는 점이다.

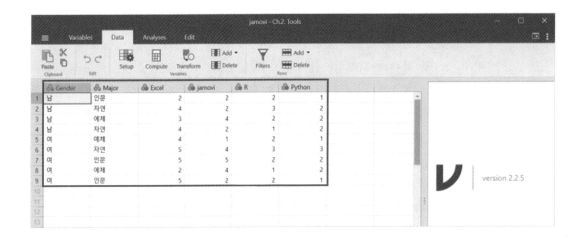

✎ **Tips**

엑셀 데이터 파일에 첫 행부터 변수명 없이 데이터가 입력되었다면 jamovi에서는 변수명을 A, B, C
등으로 자동 지정한다.

2) 자료 직접 입력

jamovi의 자료 영역에 데이터를 직접 입력할 수도 있다. 일반적으로 행을 따라 케이스(사
례), 열을 따라 변수를 위치시키고, 각 셀에 데이터를 입력하면 된다. 각 열 상단에 변수명을
별도로 지정할 수 있다는 것을 제외하면 엑셀과 크게 다를 바 없다. 따라서 자료의 입력과 정리
는 사용이 익숙한 엑셀을 활용하고, jamovi는 데이터 파일을 불러와 통계 분석 중심으로 활용
하는 접근이 효율적일 수 있다.

❷ 데이터 세트 정리

파일을 불러와 열거나 jamovi에 직접 입력하여 준비된 데이터 세트는 본격적인 분석에 앞서
적절한 정리가 필요할 수 있다. 여기에서는 「Data」 탭의 메뉴들을 활용한 변수 속성 지정, 변
수 계산, 변수 변환, 케이스나 변수의 삽입과 제거, 필터링 기능 등에 대해 살펴본다.

1) 변수 속성 지정(Setup)

데이터 세트 정리의 첫 단계는 분석 변수의 속성을 지정하는 것이다. 특히 이 기능은 엑셀에서 제공되지 않기 때문에 엑셀로 준비한 데이터 세트를 jamovi에서 불러와 열면 제일 먼저 이작업을 수행해 주어야 한다.

1. 변수명 더블클릭 또는 「Data」 탭의 메뉴 중 Setup 버튼 클릭
2. 활성화된 편집창에서 변수의 척도 유형을 명명척도(Nominal), 서열척도(Ordinal), 연속척도(Continuous) 중 선택하여 지정
3. 자료의 유형을 정수(Integer), 소수점(Decimal), 문자(Text) 중 선택하여 지정
4. 편집창 우측 > 를 이용하여 변수들의 속성을 순차적으로 지정

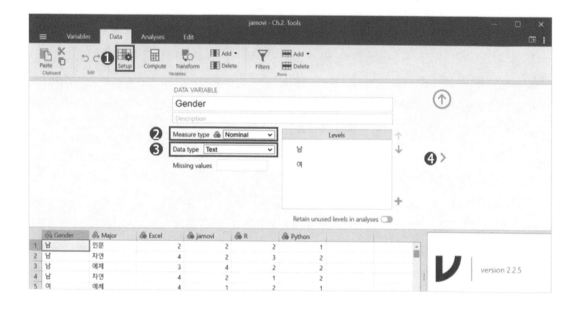

모든 변수에 대한 속성 지정 후 엔터키 또는 ⬆ 를 클릭하여 편집창을 닫으면 속성 지정이완료되고, 데이터 영역의 변수명 앞에 작게 표시된 픽토그램이 지정된 변수 속성에 맞게 바뀌어 있는 것을 확인할 수 있다.

> 📊 **통계 개념. 데이터의 속성**

통계 분석 대상이 되는 데이터는 크게 범주형 데이터와 연속형 데이터로 구분된다. 범주형 데이터는 명명척도와 서열척도로 측정된 데이터이고, 연속형 데이터는 등간척도와 비율척도로 측정된 데이터이며, 명명, 서열, 등간, 비율척도의 순으로 측정과 분석 결과가 더욱 정교해진다. 그런데 실제 분석에서는 등간척도와 비율척도를 구분하는 것이 큰 의미가 없고, jamovi 변수 속성에도 명명척도(Nominal), 서열척도(Ordinal), 연속척도(Continuous)만을 제시하고 있다. 각 척도에 대한 설명과 분석 시 참고 사항은 다음과 같다.

명명척도: 성별이나 직업 등 정도나 양으로 나타낼 수 없는 질적 변수는 명명척도로 측정된다. 명명척도 데이터는 집단을 구분하여 빈도를 분석하거나 집단 간 빈도의 차이를 분석하는 데 활용된다. 또한, 명명척도 변수도 종종 상관분석이나 회귀분석 등에 활용되는데, 이럴 때는 변수를 0과 1의 값을 갖는 더미 변수로 변환하는 것이 좋다. 이렇듯 명명척도로 측정된 변수를 숫자로 더미화하면 변수의 속성을 굳이 명명척도로 구분하여 취급하지 않아도 된다.

서열척도: 학력, 직급, 등수 등, 등급이나 서열이 있으나 척도 단위 사이에 등간성은 존재하지 않는 경우 서열척도로 측정된다. 예를 들어, 등수는 1등과 2등, 2등과 3등이 각각 1등씩의 차이가 있지만 이들의 점수 차이가 균일하지는 않고, 학력이나 직급의 경우도 마찬가지이다. 서열척도는 본래 질적 변수에 해당하기 때문에 통계 분석 시 명명척도처럼 집단을 나누고 더미 변수로 변환한 후 분석을 하는 것이 적절하나, 실제 사회과학 연구에서는 데이터가 정규성을 충족한다면 연속형 데이터로 간주하여 분석하기도 한다. 따라서 데이터의 분포와 분석 의도에 따라 변수를 더미화할 것인지 연속척도로 간주할 것인지 결정해야 한다. 또한, 변수를 0과 1의 값으로 더미화한다면

변수 속성을 명목척도로 지정하든 연속척도로 지정하든 분석 결과에 차이가 없고, 더미화하지 않고 연속형 데이터로 간주하여 분석하고자 하면 당연히 연속척도로 변수의 속성을 지정해야 한다.

등간척도: 연속선상에서 동일한 간격을 두고 구간을 나누어 숫자를 부여하는 척도로서, 척도의 단위 사이에 등간성이 존재한다. 시험 점수나 온도를 측정하거나 심리·정서·태도 등의 구성개념을 1부터 5, 1부터 7까지의 리커트 방식으로 응답한 설문조사 등의 데이터가 등간척도에 해당한다. 연속된 숫자이므로 영점이 존재할 수 있지만, 이는 아무것도 없음을 의미하는 절대 영점이 아닌 임의로 지정한 영점이라는 점을 기억할 필요가 있다. 시험이나 온도에서 0이 나왔을 때 이는 시험 점수(또는 시험과 관련한 지식)나 온도가 존재하지 않음을 의미하는 것은 아니다.

비율척도: 등간척도와 마찬가지로 척도 단위 사이에 등간성을 가지면서 아무것도 없음을 의미하는 절대 영점을 갖는 척도로, 무게, 길이, 연령, 임금 등이 비율척도에 해당한다. 하지만 실제 분석에서는 등간척도와 비율척도의 구분이 별 의미가 없고, jamovi에서도 이들을 별도로 구분하지 않고 모두 연속척도로 지정하도록 하고 있다.

2) 변수 계산(Compute)

변수 계산(Compute) 버튼을 활용하여 변수 간 연산 등을 통해 새로운 변수를 생성할 수 있다. 예를 들어, 변수 'Excel'과 변수 'jamovi'를 합한 새로운 변수 'GUI'를 생성하는 방법은 다음과 같다.

1. 'jamovi' 변수열에 마우스 커서를 위치시키고 「Data」 탭의 메뉴 중 Compute 버튼 클릭
2. 편집창의 COMPUTED VARIABLE 칸에 새로 생성될 변수의 변수명 'GUI' 지정
3. 함수 버튼(f_x)을 클릭하여 SUM(합계) 함수를 찾아 더블클릭으로 선택한 후, 'Excel' 더블클릭, 쉼표, 'jamovi' 더블클릭의 순서로 값을 합하도록 지정

엔터키 또는 ⬆ 를 클릭하여 편집창을 닫으면 변수명 'GUI'의 새로운 변수가 'jamovi' 변수 우측 열에 생성된 것을 확인할 수 있다. 또한, 생성된 변수명 옆에 작게 표시된 검정색 점을 통해 계산된 변수임을 알 수 있다.

✏ Tips

- 변수 계산을 위해 함수를 선택하는 대신 직접 '=Excel+jamovi' 식을 입력할 수도 있다. 두 변수 모두에 결측치가 없다면 두 경우 모두 동일한 결과를 얻는다. 다만, 데이터에 결측치(missing)가 있다면 함수를 선택한 것과 식을 직접 입력한 결과가 달라질 수 있다. 함수를 대입했을 때에는 두 변수 중 어느 한쪽에라도 결측치가 있다면 결과값을 생성하지 않고 결측 처리하지만, 식을 직접 입력했을 때에는 어느 한쪽에 결측치가 있더라도 한 변수의 값만으로 계산한 결과 값을 생성한다. 평균 등 다른 계산의 경우에도 함수를 쓰거나 직접 식을 입력하는 것이 가능하지만, 마찬가지로 결측치에 따라 결과가 달라질 수 있으니 가급적 함수 기능을 사용하는 것이 좋을 것이다.
- jamovi로 불러오기 전에 엑셀에서 연산이나 Σ자동합계 기능을 이용하여 간편하게 변수 계산을 수행할 수도 있다.

3) 변수 변환(Transform)

변수 변환(Transform) 버튼을 활용하여 자료가 코딩된 형식을 변환할 수 있다. 예를 들어,

남과 여로 코딩된 성별(Gender) 변수를 숫자 1과 2로 코딩된 성별(N Gender) 변수로 변환하는 방법은 다음과 같다.

1. 'Gender' 변수열에 마우스 커서를 위치시키고 「Data」 탭의 메뉴 중 Transform 버튼 클릭
2. 편집창의 TRANSFORMED VARIABLE 칸에 새로 생성될 변수의 변수명 'N Gender' 지정
3. 편집창의 Source variable에서 변환 대상이 되는 변수의 변수명(Gender) 확인
4. 코딩 변환을 위해 using transform의 Create New Transform 클릭

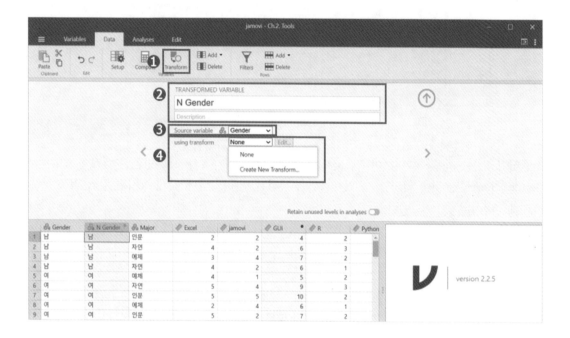

5. 새로운 편집창에서 Add record condition 클릭
6. 첫 번째 함수 버튼(f_x) 옆의 if \$source 우측에 ==‘남’을 입력한 후 use 옆에 1 입력(원자료에 ‘남’이라고 입력되어 있으면 1로 변환하라는 의미)
7. 두 번째 함수 버튼(f_x) 옆의 else use 우측에 2 입력(원자료에 ‘남’이 아닌 다른 값으로 입력되어 있으면 2로 변환하라는 의미)

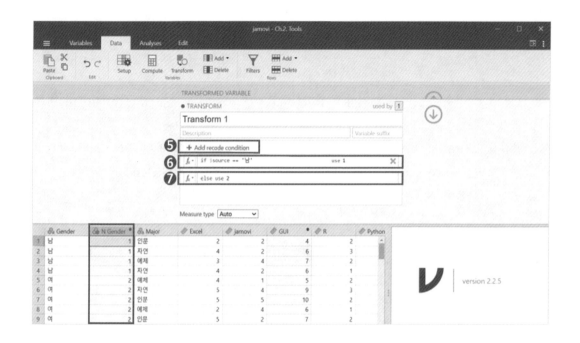

엔터키 또는 ⊥ 를 클릭하여 편집창을 닫으면 남과 여가 1과 2로 변환된 새로운 변수 'N Gender'가 생성된 것을 확인할 수 있다. 또한, 생성된 변수명 옆에 작게 표시된 컬러 점을 통해 변환된 변수임을 알 수 있다.

✎ Tips

- jamovi에서는 등호를 =이 아닌 ==를 사용하고 같지 않다는 기호는 ≠이 아닌 !=를 사용한다. jamovi는 R 프로그램을 기반으로 개발되었기 때문에 R의 코딩 방식을 따른다.
- jamovi에서 함수 입력 시 '남', '인문'과 같이 문자를 표시하는 경우 작은따옴표('문자')를 사용한다.

나아가 인문, 자연, 예체로 코딩된 대학 전공(Major) 자료를 숫자 1, 2, 3으로 코딩된 변수(N Major)로 변환하는 방법은 다음과 같다.

1−4. 앞서 성별(Gender) 변수를 변환했던 절차와 동일

5. 새로운 편집창에서 Add record condition 2회 클릭

6. 첫 번째 함수 버튼(f_x) 옆의 if $source 우측에 = ='인문'을 입력한 후 use 옆에 1 입력 (원자료에 '인문'이라고 입력되어 있으면 1로 변환하라는 의미)

7. 두 번째 함수 버튼(f_x) 옆의 if $source 우측에 = = '자연'을 입력한 후 use 옆에 2 입력 (원자료에 '자연'이라고 입력되어 있으면 2로 변환하라는 의미)

8. 세 번째 함수 버튼(f_x) 옆의 else use 우측에 3 입력(원자료에 '인문' 또는 '자연'이 아닌 다른 값으로 입력되어 있으면 3으로 변환하라는 의미)

엔터키 또는 ⊘ 를 클릭하여 편집창을 닫으면 인문, 자연, 예체가 1, 2, 3으로 변환된 새로운 변수 'N Major'가 생성된 것을 확인할 수 있다. 또한, 생성된 변수명 옆에 작게 표시된 컬러 점을 통해 변환된 변수임을 알 수 있다.

✏️ Tips

- jamovi로 불러오기 전에 엑셀에서 함수 기능 =if(조건식, 참, if(조건식, 참, 거짓))을 이용하여 간편하게 변수 변환을 수행할 수 있다. 다시 말해, =if(B2="인문", 1, if(B2="자연", 2, 3)) 함수식을 통해 인문, 자연, 예체로 코딩된 대학 전공(Major) 변수를 숫자 1, 2, 3으로 코딩된 변수(N Major)로 변환할 수 있다.
- 엑셀에서 함수 입력 시 "남", "인문"과 같이 문자를 표시하는 경우 큰따옴표("문자")를 사용한다.

4) 삽입/제거(Add/Delete)

jamovi의 「Data」 탭 메뉴에서는 열을 삽입/제거(Add/Delete)하는 기능과 행을 삽입/제거 (Add/Delete)하는 기능을 각각 제공한다. 열 삽입 기능은 새로운 변수 추가 및 계산이나 변환을 통한 변수 삽입 기능을 수행하고, 행 삽입 기능은 새로운 행을 중간에 삽입하거나 아래에 추가하는 기능을 수행한다. 예를 들어, 열을 삽입하는 방법은 다음과 같다.

1. 특정 변수열에 마우스 커서를 위치시키고 「Data」 탭의 메뉴 중 Add 버튼 클릭
2. 변수 삽입, 변수 계산, 변수 변환 중 원하는 작업과 열 삽입 위치 선택
3. 선택한 작업에 따라 필요한 추가 작업 수행

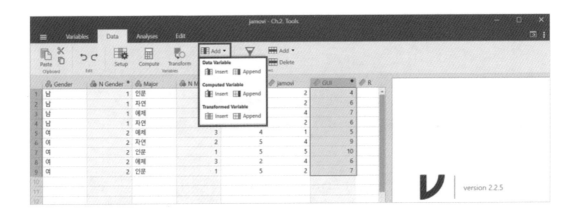

제거(Delete) 기능은 제거하고자 하는 열(변수)이나 행(케이스)을 선택한 후 Delete 버튼을 클릭하면 간단히 처리된다.

✏️ Tips

앞에서 남과 여로 입력되었던 성별(Gender) 변수와 인문, 자연, 예체로 입력되었던 전공(Major) 변수를 숫자 변수인 N Gender와 N Major로 변환하였으므로, Delete 기능을 이용하여 성별(Gender) 변수와 전공(Major) 변수를 삭제하고 싶을 수 있다. 하지만 Gender와 Major를 무심코 삭제하면 이들을 원소스로 생성된 N Gender와 N Major 변수의 데이터가 동시에 사라져 버리는 결과로 이어질 수 있다. 따라서 변수 삭제는 매우 신중해야 하고, jamovi로 데이터 세트를 불러오기 전에 엑셀에서 미리 변수 변환을 수행하는 것이 더 효과적일 수도 있다.

5) 필터링(Filters)

케이스 필터링(Filters) 버튼을 활용하여 특정 조건을 충족하는 케이스만을 선별하여 분석을 수행할 수 있다. 예를 들어, 예체 전공의 여학생 데이터만 필터링하여 분석하고자 할 때의 방법은 다음과 같다.

1. 「Data」 탭의 메뉴 중 Filters 버튼 클릭
2. 편집창의 Filter 1 칸에 Gender＝＝'여' 입력
3. 편집창의 ✚ 를 클릭하여 Filter 2 추가
4. Filter 2 칸에 Major＝＝'예체' 입력

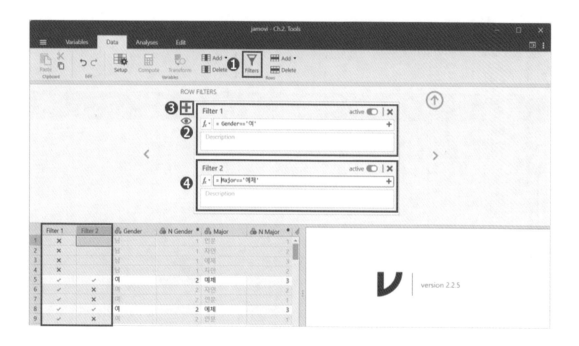

엔터키 또는 ⬆ 를 클릭하여 편집창을 닫으면 데이터 영역에 Filter 1과 Filter 2의 열이 추가되어 케이스 필터링 결과를 보여주는 것을 확인할 수 있다. 또한, 편집창의 👁 를 클릭하면 선택된 케이스만 남고 다른 케이스들은 숨김 처리가 되고, Filter 칸 우측의 ✖를 클릭하면 해당 필터가 해제되는 것을 알 수 있다.

지금까지 설명한 바와 같이 jamovi의 「Data」 탭 메뉴들은 데이터 세트의 변수들을 정리할 수 있는 다양한 기능을 제공한다.

Tips

아직 jamovi에 완전히 익숙해지지 않았다면 자료의 입력과 정리는 엑셀을 활용하고, jamovi는 정리된 데이터 파일을 불러와 (변수의 속성을 지정한 후) 통계 분석 중심으로 활용하는 접근이 효율적일 수 있다.

이렇게 정리된 데이터 세트의 변수들은 「Variables」 탭에서 일목요연하게 확인할 수 있고, 변수들의 속성을 간단히 메모하여 이후에 참고할 수 있다. 예를 들어, 문자 코딩을 숫자 코딩으로 변환한 N Gender와 N Major 변수들의 속성을 메모하는 방법은 다음과 같다.

1. 변수명(N Gender, N Major) 확인
2. N Gender와 N Major 우측 칸에 각각 남=1, 여=2 및 인문=1, 자연=2, 예체=3 기술

또한, 여기 「Variables」 탭에서도 「Data」 탭에서와 마찬가지로 상단 메뉴들을 활용하여 변수에 대한 속성 지정, 계산, 변환, 삽입/제거(Add/Delete), 필터링(Filters) 등을 수행할 수 있다.

❸ 데이터 분석

데이터 영역에 데이터 세트가 준비되면 「Analyses」 탭의 메뉴들을 활용하여 다양한 통계 분석을 수행할 수 있다. 통계 분석은 크게 기술통계와 추리통계로 구분할 수 있는데 jamovi에 서는 이들 분석 기능을 모두 제공한다.

1) 기술통계(Descriptive Statistics)

jamovi에서는 기술통계 분석 기능을 Exploration 아이콘을 통해 제공한다. 탐색(Exploration) → 기술통계(Descriptives) 순서로 클릭하면 자료 영역이었던 좌측에 통계분석 대화상자가 생 성되고, 여기에서 분석하고자 하는 변수를 선택하면 기술통계 결과가 우측 영역에 동시에 제시 된다.

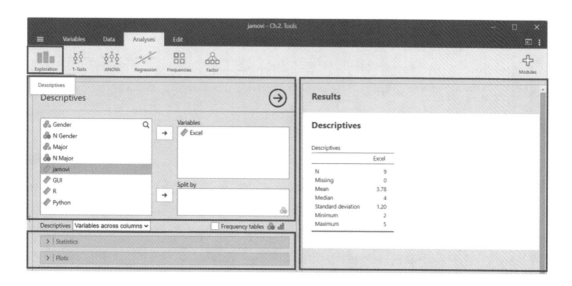

예를 들어, Excel 변수를 선택하여 Variables 칸으로 이동하면 변수의 케이스 수(N) 9개, 결 측치(Missing) 0개, 평균(Mean) 3.78, 중간값(Median) 4, 표준편차(Standard deviation) 1.20, 최소값(Minimum) 2, 최대값(Maximum) 5 등의 기술통계 값이 바로 분석되어 제시된다. 또한, 통계분석 대화상자 하단에 있는 Statistics 및 Plots 앞의 화살표를 누르면 더 많은 기술통 계 및 그래프 기능이 제공되는데 본서 전체에 걸쳐 관련 문제 해결 시 소개될 것이다.

2) 추리통계(Inferential Statistics)

jamovi에서는 아래 제시되는 내용을 포함한 다양한 추리통계 분석 기능을 제공한다. 기술통계와 마찬가지로 분석하고자 하는 추리통계 아이콘을 클릭하면 자료 영역이었던 좌측에 통계분석 대화상자가 생성되고, 여기에서 수행하고자 하는 작업을 선택하면 분석 결과가 우측 영역에 동시에 제시된다.

■ t검정(T-Tests)

T-Tests 아이콘을 클릭하면 독립표본 t검정(Independent Samples T−Test), 대응표본 t검정(Paired Samples T−Test), 일표본 t검정(One Sample T−Test) 기능을 제공한다.

■ 분산분석(ANOVA)

ANOVA 아이콘을 클릭하면 일원분산분석(One−Way ANOVA), 공분산분석(ANCOVA), 다변량공분산분석(MANCOVA) 및 비모수(Non−Parametic) ANOVA 기능 등을 제공한다.

■ 회귀분석(Regression)

Regression 아이콘을 클릭하면 상관분석(Correlation Matrix), 선형회귀분석(Linear Regression) 및 로지스틱 회귀분석(Logistic Regression) 기능 등을 제공한다.

■ 범주형 데이터 분석(Frequencies)

Frequencies 아이콘을 클릭하면 적합도 분석(N Outcomes x^2 Goodness of fit) 및 교차분석(Independent Samples x^2 test of association) 기능 등을 제공한다.

■ 요인분석(Factor)

Factor 아이콘을 클릭하면 신뢰도 분석(Reliability Analysis)과 주성분, 탐색적, 확인적 등 다양한 요인분석(Factor Analysis) 기능을 제공한다.

이들 추리통계 방법들은 본서 전체에 걸쳐 해당 내용 관련 장에서 자세히 소개될 예정이다.

📊 통계 개념. 모수통계 vs. 비모수통계

추리통계는 크게 모수통계와 비모수통계로 구분된다. 모수통계는 분석하고자 하는 표본의 모집단이 정규분포 및 등분산성 가정 등을 만족하고 종속변수가 연속형 변수일 때 사용하는 추리통계이고, 비모수통계는 이러한 가정이 충족되지 않거나 종속변수가 연속형 변수가 아닐 때 사용하는 추리통계이다. t검정, 분산분석, 상관분석, 선형회귀분석 등 일반적으로 수행하는 대부분의 추리통계는 모수통계에 해당한다. 이 책에서 소개될 비모수통계로는 교차분석과 로지스틱 회귀분석이 있다.

Part 2

기술통계와 추리통계

우리 주변에는 잘 활용하면 유용한 정보(information)가 되어줄 수 있는 수많은 데이터(data)가 존재한다. 개인과 조직 활동의 흔적을 담고 있는 하드 데이터이든 이들의 생각과 행동을 조사한 소프트 데이터이든 그 안에는 많은 의미(knowledge)가 숨어 있고 이를 잘 발견해 낼수록 문제해결과 의사결정의 질이 향상된다.

데이터에 녹아 있는 의미를 분석하고 해석하는 데 있어 통계라는 도구가 결정적 역할을 할 수 있다. 다량의 산재된 데이터를 요약하거나 이를 대표할 수 있는 값을 도출하여 제시하는 것만으로 복잡한 상황이 간명하게 정리되고 커뮤니케이션이 원활해진다. 이렇게 처리한 데이터를 시각화해서 보여주면 금상첨화일 것이다. 한발 나아가, 일부 데이터를 살펴본 결과로 전체 상황을 정확하게 미루어 짐작할 수 있다면 엄청난 가치 창출이 아닐 수 없다. 매번 필요한 모든 데이터를 확보하고 방대한 자원을 투입할 수 없다는 당연한 현실에서 이러한 추리를 가능하게 하는 과학적 방법은 그 효용이 높을 수밖에 없기 때문이다. 교육, 인사관리, 조직개발, 그 외 다양한 상황에서 더욱 적극적인 통계의 활용이 요구된다.

Chapter 3

기술통계와 그래프

기업B의 인사팀에서는 회사의 향후 사업 방향 및 전망을 바탕으로 중장기 인력 운영 계획을 정비하고자
한다. 이를 위한 첫 단계로 현재의 직원 현황을 살펴보기 위해 인사시스템에서 직원들의 성별, 연령, 직급,
근속기간, 소속부서 등의 기본 정보를 확인하였다. 이어서 이들 요소에 대한 심도 있는 분석을 통해 현
시점에서의 직원 현황과 인력 구조의 특성을 종합적으로 파악하고자 한다.

데이터 분석과 통계의 첫 단계로 빈도분석, 기술통계, 그래프 등에 대해 살펴본다.

- 빈도분석
- 기술통계
- 중심경향(central tendency)
- 변산(dispersion, variability)
- 분포(distribution)
- 정보 시각화

핵심 용어

- 평균, 중위수, 최빈수
- 최대값, 최소값, 범위, 사분위수
- 분산, 표준편차
- 왜도, 첨도
- 히스토그램, 상자그래프, 막대그래프

❶ 분석 목적과 방법

직원 현황 파악을 위한 첫 단계로 인사시스템에서 현 시점에서의 직원 기본 정보 데이터를 다운로드 후 전체 직원 수 및 성별, 연령, 직급, 근속기간, 소속부서 등에 대해 살펴보고자 한다.

1) 인력 특성 파악 - 기술통계

인사관리의 첫 단계로 회사의 전반적인 인력 구성의 특징을 파악할 필요가 있다. 예를 들어, 직원들의 연령이나 근속기간 등의 평균과 분포는 어떤 양상을 보이는지, 최대치와 최소치는 얼마인지 등을 분석하면 인력 구성의 적정성 판단 및 향후 인사 방향 설정 등에 중요한 참고가 될 것이다. 이런 측면에서 회사 전체 차원의 직원 현황을 먼저 살펴보고, 이후 성별, 직급, 소속부서 등 특정 그룹별 현황을 추가로 확인하고자 한다.

> 📊 **통계 개념. 중심경향, 변산, 분포**

- 중심경향(central tendency)은 데이터를 전체적으로 이해하는데 사용되는 대표적인 지표로, 수집된 데이터가 어떤 값을 중심으로 몰리는 경향이 있는지를 하나의 수치로 요약한 것이다(우형록, 2014). 가장 대표적으로 활용되는 평균(mean)은 데이터 세트의 모든 사례(케이스)의 값들을 더한 후 사례 수로 나눈 값이다. 중위수(median)는 모든 사례의 값들을 크기순으로 나열했을 때 정중앙에 위치하는 값이고, 최빈수(mode)는 데이터 세트에서 가장 많은 빈도수를 나타내는 사례의 값이다.
- 변산(dispersion, variability)은 데이터 세트의 값들이 어떤 형태로 퍼져있는지 알려주는 것으로 추리통계에서 특별히 더 중요한 의미를 갖는다. 적률상관분석, 분산분석, 선형 회귀분석 등 대부분의 통계 분석은 모수통계를 위한 방법들이고, 모수통계는 데이터의 정규분포와 등분산성에 대한 가정을 전제하기 때문에 분포에 대한 사전 검토가 이루어져야 한다. 이를 위해서는 중심경향 측정치들뿐만 아니라 변산에 대한 검토도 필요한데, 이는 그래프와 같은 시각적 자료, 최대값과 최소값, 사분위수 범위, 분산, 표준편차 등의 값을 통해 알 수 있다. 그래프는 히스토그램과 막대그래프, 최대값과 최소값은 데이터 값에서의 가장 큰 값과 가장 작은 값, 사분위수 범위는 확률 분포나 입력 값들의 산포도에서 가운데 50%에 해당하는 구간의 길이, 분산은 평균과의 차이 값의 제곱 평균이고 표준편차는 분산의 제곱근으로서 데이터의 값들이 평균으로부터 얼마나 퍼져 있는지를 가늠할 수 있게 해준다.

- 분포(distribution)는 특정 변수에서 관찰된 값들의 빈도와 이에 의해 생성되는 데이터 세트의 모양을 이르는 개념으로, 분포를 통해 해당 변수의 평균이 얼마이고 데이터의 편차가 어떠한지 등의 정보를 알 수 있다(이종성 외, 2018). 특히, 통계에서 자주 다루어지는 분포 중 정규분포는 연속형 데이터의 분포에 해당하며, 평균을 중심으로 한 좌우대칭의 종 모양으로 중심경향값들인 평균과 중위수, 최빈수가 거의 일치한다. 이와 달리 단봉의(unimodal) 분포에서 봉우리가 오른쪽 또는 왼쪽으로 기울어진 분포는 편향분포이고 편향이 심하면 정규성이 좋다고 할 수 없다. 편향분포는 히스토그램과 같은 그래프를 통해 시각적으로 확인할 수 있지만 왜도(skewness) 값을 통해서도 확인 가능하다. 또한, 봉우리를 중심으로 값들이 얼마나 집중되어 있는지도 히스토그램을 통해 확인할 수 있지만 첨도(kurtosis) 값을 통해서도 확인 가능하다. 평균을 중심으로 값들이 많이 집중되어 있을 때는 분포의 모양이 뾰족하게 나타나고 평균을 중심으로 값들이 많이 퍼져 있으면 분포의 모양이 완만하고 넓게 나타나는데 이 또한 정규성이 좋다고 할 수 없다. 왜도와 첨도를 평가하는 절대적인 기준이나 명확한 지침이 있는 것은 아니지만, 왜도는 절대값 3, 첨도는 절대값 10을 넘지 않으면 정규분포에 큰 문제가 없는 것으로 통용된다(Kline, 2015).

2) 정보 시각화 - 그래프

한편 직원 현황 분석 결과에 대한 더욱 직관적인 해석과 전달을 위해 수치뿐만 아니라 그래프를 활용한 시각화가 효과적일 수 있다. 시각화는 많은 정보를 동시에 전달하면서도 해석의 용이성과 친근성을 높여 진전된 이해와 추론을 촉진하는 장점이 있다. 따라서 수치적 분석에서 나아가 히스토그램, 상자그래프, 막대그래프 등 적절한 그래프를 활용하여 기술통계 정보를 시각화하고자 한다.

📊 통계 개념. 히스토그램, 상자그래프, 막대그래프

분포의 모양과 특성을 시각적으로 파악하기 좋은 그래프는 빈도분석 결과를 그대로 시각화한 히스토그램(histogram)이다. 히스토그램은 기둥 모양의 그래프로서 가로축은 측정치(측정값)에 해당하고 세로축은 사례 수에 해당한다. 히스토그램은 기둥 간 간격이 없다는 점에서 막대그래프(bar graph)와 다르다. 기둥 간 간격이 없다는 것은 측정치가 연속적임을, 간격이 있다는 것은 측정치가 비연속적임을 의미한다. 따라서 히스토그램은 연속형 데이터에 대해, 막대그래프는 이

산형 데이터에 대해 사용된다. 상자그래프(box plot)는 세로축이 측정치에 해당하며 가로축은 집단을 구분했을 때만 표시된다. 상자의 중간에 50% 선이 가로선으로 굵게 그어지고 상자의 위와 아래는 사분위수 범위에 해당한다(위는 75%, 아래는 25%). 상자그래프로 집단을 나누어 보면 집단 간 등분산성을 시각적으로 확인하는데 유용하다.

❷ 통계를 활용한 분석

분석을 위해 인사시스템에서 내려 받은 임직원 기본 정보 데이터를 엑셀 파일에서 정리한 후 <Ch.3. Personnel>로 저장한다. 준비된 데이터 세트의 각 변수명과 내용은 다음과 같다.

<Ch.3. Personnel>
열1 (ID). 사번
열2 (gender). 성별(남 1, 여 2)
열3 (age). 연령
열4 (rank). 직급(사원 1, 대리 2, 과장 3, 차장 4, 부장 5)
열5 (tenure). 근속기간(근무 개월 수)
열6 (department). 소속부서(지원팀 1, 관리팀 2, 생산팀 3, 영업팀 4)

이어서 jamovi에서 <Ch.3. Personnel> 파일을 ≡ ▶ Open ▶ This PC ▶ Browse의 순서로 불러온 후, 분석에 앞서 「Data」 탭의 Setup 버튼을 클릭하여 데이터 척도를 지정한다. 여기에서는 ID는 ID로, 성별(gender)과 부서(department)는 명목(Nominal) 척도, 직급(rank)은 서열(Ordinal) 척도, 연령(age)과 근속기간(tenure)은 연속(Continuous) 척도로 지정한다.

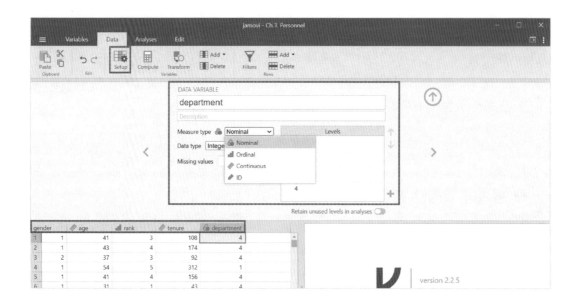

1) 인력 특성 파악 - 기술통계

준비된 데이터 세트를 활용하여 회사의 인원 현황을 종합적으로 살펴보고자 한다.

■ 전체 현황

먼저 전체 직원 수 및 성별, 연령, 직급, 근속기간, 소속부서에 대한 기술통계와 빈도 분포를 살펴보고자 하며, 이를 위한 jamovi에서의 절차는 다음과 같다.

1. 「Analyses」 탭의 메뉴 중 Exploration ▶ Descriptives 클릭
2. Descriptives 화면 좌측의 변수리스트 박스에서 ID를 제외한 모든 변수를 선택한 후 화살표 버튼을 이용하여 우측 Variables 박스로 이동
3. 변수 박스 아래의 Frequency tables 체크

변수들을 선택하여 Variables 박스로 이동함과 동시에 이들에 대한 기술통계 분석값들이 결과 영역에 제시된다. 이를 통해 기업B의 전체 직원 수는 94명이고 결측치는 없으며, 전체 직원의 평균 연령은 39.0세, 평균 근속기간은 132개월, 최대 근속자의 근속기간은 330개월이라는 등의 정보를 쉽게 확인할 수 있다. 성별, 직급, 소속부서 등의 변수에 대한 분석값들도 제시되었으나, 이들은 숫자 형식으로 코딩하였을 뿐 연속형이 아닌 범주형 변수이므로 여기에서의 결과는 아무 의미가 없다.

Descriptives

	gender	age	rank	tenure	department
N	94	94	94	94	94
Missing	0	0	0	0	0
Mean	1.30	39.0	3.18	132	3.03
Median	1.00	39.0	3.00	101	3.00
Standard deviation	0.460	6.98	1.19	76.0	0.933
Minimum	1	24	1	5	1
Maximum	2	54	5	330	4

단, Frequency tables 명령어를 체크함과 동시에 범주형 변수들 각각에 대한 직원 수(케이스 수)와 비율 등의 빈도분석 결과가 제시된다. 이를 살펴보면 첫 번째 표에서 직원 94명 중 남성 (1)이 66명으로 약 70.2%의 비율을 보인다는 점, 두 번째 표에서 사원(1)이 8명으로 전체 직원의 8.5%인 데 반해 부장(5)이 14명으로 전체의 14.9%의 비율을 차지한다는 점, 세 번째 표에서 생산팀(3)과 영업팀(4)의 합이 73명으로 전체 인원의 약 78%를 차지한다는 점 등의 빈도 정보를 쉽게 확인할 수 있다.

Frequencies of gender

Levels	Counts	% of Total	Cumulative %
1	66	70.2%	70.2%
2	28	29.8%	100.0%

Frequencies of rank

Levels	Counts	% of Total	Cumulative %
1	8	8.5%	8.5%
2	21	22.3%	30.9%
3	25	26.6%	57.4%
4	26	27.7%	85.1%
5	14	14.9%	100.0%

Frequencies of department

Levels	Counts	% of Total	Cumulative %
1	9	9.6%	9.6%
2	12	12.8%	22.3%
3	40	42.6%	64.9%
4	33	35.1%	100.0%

✏️ **Tips**

Frequency tables 옆의 픽토그램이 암시하는 바와 같이 jamovi에서는 명명척도와 서열척도 변수들에 대해서만 빈도분석을 수행하는 것으로 설정되어 있다. 물론 연속변수에 대해서도 변수의 속성을 서열척도로 변경하여 빈도분석을 수행할 수 있다. 데이터 세트의 분석 가능성을 검토하기 위해 연속변

수에 대해서도 빈도분석을 할 수 있는데, 이를 통해 데이터 중 이상치가 있는지 확인하거나 분포의
모양을 대강 파악할 수 있어서 정규분포 가정을 확인하는 데 도움이 된다.

한편, jamovi의 기술통계에서는 선택된 변수에 대한 N(사례수), Missing(결측치), Mean(평균), Median(중위수), Standard deviation(표준편차), Minimum(최소값), Maximum(최대값)을 디폴트로 제공하고 있다. 하지만 이들 외에도 변산이나 분포 관련 정보들을 확인하면 회사의 직원 현황에 대한 더욱 깊이 있는 이해가 가능할 것이다. 따라서 이들 정보를 살펴보기 위한 기술통계 분석을 추가로 수행하고자 하며, 절차는 다음과 같다.

1. Descriptives 화면의 Variables 박스에 연속변수인 연령(age)과 근속기간(tenure)만을 남기고 나머지는 원래의 좌측 박스로 이동(위 분석에서는 편의상 변수들을 모두 투입하여 결과를 살펴보았지만, 연속척도가 아닌 변수들의 평균, 표준편차, 최대값 등은 아무 의미가 없음)
2. 하단의 'Statistics' 기능 클릭(위 분석 결과로 주어졌던 N, Missing, Mean, Median, Standard deviation, Minimum, Maximum에 디폴트로 체크가 되어 있음을 알 수 있음)
3. Dispersion(변산) 항목에서 Variance(분산) 체크
4. Distribution(분포) 항목에서 Skewness(왜도)와 Kurtosis(첨도) 체크

변산 관련 지표인 최대값, 최소값, 분산, 표준편차 등의 값을 통해 기업B 직원들의 연령은 24세에서 54세 사이이고, 평균 39세를 기준으로 표준편차 6.98세(약 7세)만큼 흩어져 있는 양상임을 알 수 있다. 다시 말해, 평균으로부터 ±1 표준편차만큼인 39세 ±7세 사이(32~46세)에 전체 직원의 70% 가까이가 포진해 있는 것이다. 또한, 전체 직원들의 근속기간은 5개월에서 330개월 사이이고, 평균 132개월을 기준으로 표준편차 76.0개월만큼 흩어져 있어 근속기간 132 ±76개월 사이(56~ 208개월)인 인원이 전체의 70% 가까이 된다는 것을 알 수 있다.

이 외에도 최빈값이나 사분위수, 데이터의 범위 등을 알고 싶다면 각각 Mode, Percentiles, Range 등의 명령어를 각각 체크하면 된다.

Descriptives

	age	tenure
N	94	94
Missing	0	0
Mean	39.0	132
Median	39.0	101
Standard deviation	6.98	76.0
Variance	48.7	5773
Minimum	24	5
Maximum	54	330
Skewness	0.0927	0.664
Std. error skewness	0.249	0.249
Kurtosis	−0.646	−0.358
Std. error kurtosis	0.493	0.493

📊 통계 개념. 왜도와 첨도

여기서는 데이터들의 분포 관련 지표인 왜도와 첨도 값도 구하였는데, 왜도는 데이터들이 어느 한쪽으로 치우쳐 있는 정도를, 첨도는 데이터들이 평균을 중심으로 모이거나 퍼져 있는 정도를 나타낸다. 이 값들은 기술통계에서 구해지지만, 실질적으로 활용되는 것은 이후 추리통계(특히 모수통계)에서 데이터가 정규분포 가정을 충족하는지 판단할 때이다. 왜도의 절대값이 0에 가까우면 데이터가 평균을 중심으로 좌우 대칭으로 분포되어 있고, 첨도의 절대값이 0에 가까우면 특정 값에 데이터가 지나치게 집중되거나 과도하게 넓게 퍼지지 않아 정규분포에 가까움을 의미한다.

■ 그룹별 현황

지금까지 회사 전체 차원에서 직원 현황을 살펴보았다면 이제 한 걸음 나아가 특정 그룹별 현황을 살펴볼 필요가 있다. 예를 들어, 성별을 구분하여 남성과 여성 그룹별(남 1, 여 2) 연령과 근속기간 정보를 살펴보고자 하며, 이를 위한 절차는 다음과 같다.

1. Descriptives 화면의 Variables 박스에 연속변수인 연령(age)과 근속기간(tenure) 변수 유지
2. 성별(gender) 변수를 선택하여 우측 Split by 박스로 이동
3. 하단의 'Statistics' 기능에서 Variance(분산), Skewness(왜도), Kurtosis(첨도) 등 필요한 분석 추가 체크

결과 영역에 제시된 분석 결과에 따르면 남성 직원의 평균연령이 39.4세로 38.3세인 여성 직원보다 약간 높고 근속기간 평균도 남자가 133개월로 여자 130개월보다 근소하게 길다는 것을 알 수 있다. 반면 중간값은 연령과 근속기간 모두 여성 직원이 다소 높게 나타나는 것이

확인된다. 선택한 분석에 따라 분산, 표준편차, 왜도, 첨도 등의 값 또한 쉽게 확인할 수 있다.

Descriptives

	gender	age	tenure
N	1	66	66
	2	28	28
Missing	1	0	0
	2	0	0
Mean	1	39.4	133
	2	38.3	130
Median	1	38.5	98.5
	2	39.0	102
Standard deviation	1	7.05	76.2
	2	6.86	76.9
Variance	1	49.7	5803
	2	47.1	5906
Minimum	1	25	8
	2	24	5
Maximum	1	54	312
	2	52	330
Skewness	1	0.156	0.605
	2	−0.0999	0.848
Std. error skewness	1	0.295	0.295
	2	0.441	0.441
Kurtosis	1	−0.726	−0.579
	2	−0.473	0.432
Std. error kurtosis	1	0.582	0.582
	2	0.858	0.858

🖊 **Tips**

Descriptives 화면의 Variables 박스 아래(Frequency tables 옆)에 'Variables across colums'와 'Variables across rows'를 선택할 수 있는 옵션이 있다. 디폴트로 설정된 'Variables across colums'는 변수를 열(column)로, 'Variables across rows'는 변수를 행(row)으로 위치시켜 분석 결과를 보여준다.

이번에는 성별(gender) 변수를 좌측 리스트로 옮기고 부서(department) 변수를 선택하여 우측 Split by 박스로 이동한 후 분산, 왜도, 첨도 등의 분석을 해제하면 다음과 같이 소속부서 (지원팀 1, 관리팀 2, 생산팀 3, 영업팀 4)에 따른 분석 결과를 얻을 수 있다. 직급에 따른 분석 역시 동일한 절차를 따르면 된다.

Descriptives

	department	age	tenure
N	1	9	9
	2	12	12
	3	40	40
	4	33	33
Missing	1	0	0
	2	0	0
	3	0	0
	4	0	0
Mean	1	38.4	130
	2	41.8	163
	3	38.5	128
	4	38.8	126
Median	1	36	80
	2	44.0	187
	3	39.0	102
	4	38	97
Standard deviation	1	9.40	101
	2	6.41	66.5
	3	6.95	75.8
	4	6.57	72.7
Minimum	1	28	49
	2	31	68
	3	24	5
	4	27	19
Maximum	1	54	312
	2	49	252
	3	52	330
	4	53	308

Tips

인출된 분석 결과는 한글(.hwp)이나 워드(.docs) 등 문서 파일에 그대로 복사할 수 있다. 분석 완료 후 결과 영역에서 마우스 우측 버튼을 누르면 결과 전체(All) 또는 원하는 분석 결과만(Analysis) 복사 (Copy)할 수 있으며, 이를 문서 파일에서 원하는 위치에 붙여넣기만 하면 된다. 단, 워드에서와 달리 한글 문서에 복사할 때는 변형이 생기는 경향이 있어 추가 편집이 필요할 수 있다.

2) 정보 시각화 - 그래프

직원 현황 관련 정보를 시각화하기 위해 jamovi의 기능을 이용하여 히스토그램, 상자그래프, 막대그래프 등 다양한 형태의 그래프를 그려보고자 한다.

■ 히스토그램(Histogram)

먼저 연속형 변수인 직원들의 연령과 근속기간 현황을 히스토그램으로 나타내고자 하며, 이를 위한 절차는 다음과 같다.

1. Descriptives 화면의 Variables 박스에 연령(age)과 근속기간(tenure) 변수만을 남기고 나머지 변수는 모두 좌측 박스로 이동
2. 하단의 'Plots' 기능에서 Histograms(히스토그램) 항목의 Histogram(히스토그램) 및 Density(밀도) 체크

결과 영역에 제시된 히스토그램을 보면 연령은 30대 중후반이 가장 많고 이들보다 많거나 적은 사람들이 양옆으로 조금씩 줄어들며, 근속기간은 100개월에 다소 못 미치는 인원이 가장 많고 이보다 더 오래 근무한 인원들도 비교적 많다는 점 등을 확인할 수 있다. 히스토그램의 전반적인 패턴을 보여주는 분포곡선 또한 직원 현황을 종합적으로 이해하는 데 도움을 준다.

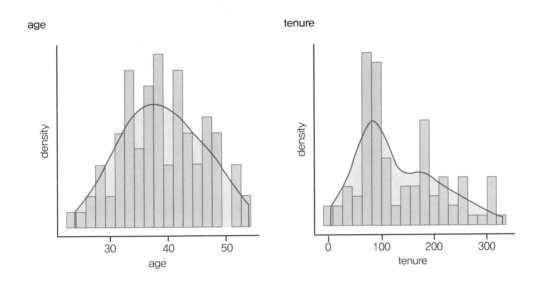

✏️ **Tips**

jamovi의 히스토그램에서 Density 기능은 SPSS에서 Normal Curve 기능과 유사하며, 분포의 곡선을 시각적으로 표시해줌으로써 데이터의 정규분포 여부 확인을 도와준다. 여기서 연령의 데이터 분포는 정규분포에 가까운 것으로 보이고 근속기간은 다소 그렇지 않아 보이지만, 더욱 정확한 정규성 판단을 위해서는 기술통계 분석 결과의 왜도와 첨도 값을 확인하는 것이 좋다.

■ 상자그래프(Box plot)

자료의 빈도를 토대로 그린 히스토그램뿐만 아니라, 범위와 사분위수 등 기술통계 결과를 바탕으로 간결하게 시각화한 상자그래프도 살펴보고자 한다. 이를 위해서는 'Plots' 기능에서 Box plots(상자그래프) 항목의 Box plot(상자그래프) 명령을 체크하면 되고, 개별 자료들의 분포도 함께 보려면 Data(데이터) 명령도 함께 체크하면 된다.

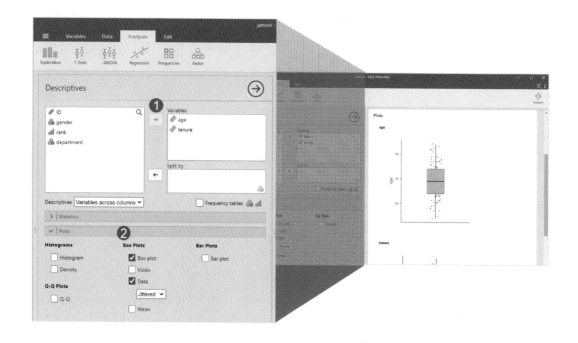

결과 영역에 제시된 상자그래프에서 상자 내에 있는 두꺼운 선이 사분위수 중 50%, 상자 위아래의 경계가 75%와 25%에 해당하는 지점이고, 수직으로 배치된 점들이 개별 자료들을 나타낸다는 것을 시각적으로 보여준다. 나아가 25, 50, 75%에 해당하는 정확한 수치는 'Statistics' 기능의 Quartiles 명령을 체크하면 확인할 수 있다.

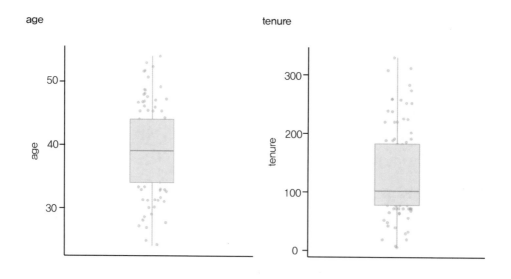

■ 막대그래프(Bar plot)

이어서 범주형 변수인 직원들의 성별, 직급, 소속부서 등의 현황을 막대그래프로 나타내고자
하며 이를 위한 절차는 다음과 같다.

1. Descriptives 화면의 Variables 박스에 범주형 변수인 성별(gender), 직급(rank), 소속
   부서(department) 이동(연속변수인 연령과 근속기간은 원래의 좌측 박스로 이동)
2. 하단의 'Plots' 기능에서 Bar plots(막대그래프) 항목의 Bar plot(막대그래프) 체크

결과 영역에 제시된 막대그래프를 보면 성별, 직급별, 소속부서별 인원 현황을 시각적으로
알 수 있으며 그룹별 비교도 매우 쉽다는 것을 알 수 있다.

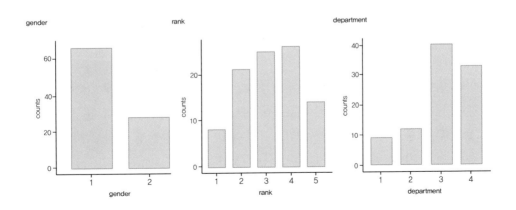

Tips

Plots의 도표 중 히스토그램, 상자그래프는 연속형 변수, 막대그래프는 범주형 변수의 시각화에 적절하다. 범주형 변수에 대해 히스토그램이나 상자그래프를 체크하거나 연속형 변수에 대해 막대그래프를 체크하면 결과는 인출되지만 그 해석은 실질적으로 의미가 없다.

더 알아보기

　이번 장에서 살펴본 기술통계는 jamovi, SPSS 등의 통계 전문 패키지 외에 엑셀에서도 쉽게 분석이 가능하다. 엑셀의 연산이나 통계 관련 함수 기능을 사용할 수도 있고, 추가기능으로 제공하는 **데이터 분석** 도구를 통해서도 가능하다. 여기에서는 <Ch.3. Personnel> 데이터 세트에 대해 **데이터 분석** 도구를 활용하여 기술통계 분석을 하는 방법을 소개한다.

　1. 「데이터」 탭에서 추가기능으로 설치한 **데이터 분석** 도구 클릭(추가기능 설치 방법은 본서 1장 참고)
　2. 팝업된 **통계 데이터 분석** 대화상자에서 '기술통계법' 선택

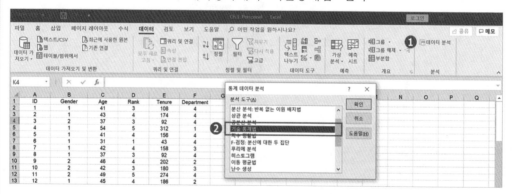

　3. 이어서 팝업된 '기술통계법' 대화상자에서 입력 범위 지정, 데이터 방향 선택, 첫째 행 이름표 사용 여부 체크, 출력 범위 지정 및 요약 통계량 체크
　• 입력 범위: 분석하고자 하는 변수 및 자료 영역 전체 마우스 드래그($B$1:$F$95)
　• 데이터 방향: 각 변수에 대해 자료들이 세로로 정리되어 있으므로 열 선택
　• 첫째 행 이름표 사용: 엑셀의 첫 행이 변수명이므로 첫째 행 이름표 사용 체크
　• 출력 범위 지정: 엑셀 화면의 빈 셀 선택($H$2)

- 요약 통계량: 요약 통계량 체크

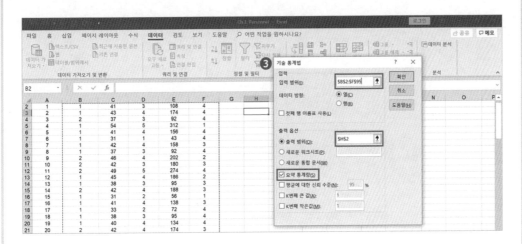

위 순서로 진행하면 다음과 같이 다양한 기술통계 분석 결과가 제시된다. jamovi로 분석한 결과와 대조해 보면 (소수점 위치 등을 제외하고) 서로 정확히 일치한다는 것을 알 수 있다.

	Gender	Age	Rank	Tenure	Department
평균	1.29787234	39.04255319	3.180851064	131.8510638	3.031914894
표준오차	0.047422195	0.719521387	0.122845436	7.836509441	0.096201154
중앙값	1	39	3	101	3
최빈값	1	33	4	72	3
표준편차	0.459775243	6.976018666	1.191030691	75.97777794	0.932704792
분산	0.211393274	48.66483642	1.418554107	5772.622741	0.869938229
첨도	-1.219357506	-0.64648026	-0.894349662	-0.358049414	-0.128753535
왜도	0.898359546	0.092691871	-0.124412238	0.663741375	-0.795474877
범위	1	30	4	325	3
최소값	1	24	1	5	1
최대값	2	54	5	330	4
합	122	3670	299	12394	285
관측수	94	94	94	94	94

- 또한, 엑셀의 「삽입」 탭의 '차트' 기능에서도 히스토그램, 막대그래프, 파이그래프, 선 그래프, 산점도 등 다양한 데이터 시각화 기능을 제공한다.

추리통계와 추정 및 가설 검정

기업B 인사팀은 엑셀과 jamovi의 기능을 숙지하고 이를 활용한 인사 데이터 분석의 효과성과 효율성을 확인한 후 앞으로 업무에서 통계 활용을 더욱 강화하기로 하였다. 현황 파악 수준을 넘어 부서별 업무 만족도나 퇴사율 비교, 교육 프로그램의 효과 분석, 인센티브 제도와 영업성과 간 상관 파악, 리더십의 조직 내 긍정적 영향 분석 등 실질적이고 차원 높은 활용이 가능해 보이기 때문이다. 또한, 이를 위해서는 기술통계뿐만 아니라 추리통계의 이론과 핵심 개념에 대한 이해가 필요함을 인식하고 이에 대해 살펴보기로 하였다.

주요 내용

추리통계의 근간이 되는 핵심 개념을 살펴본다.

- 확률
- 모집단과 표본집단
- 모수치와 통계치
- 모수통계와 비모수통계
- 정규분포와 표준정규분포
- 추정과 신뢰구간
- 가설검정과 유의수준

핵심 용어

- 표집(표본 추출), 표집오차
- 모수(모수치), 통계치, 추정치
- 정규분포, 표준정규분포, Z값
- 멱함수 분포, 자연로그, 이상치
- 신뢰구간, 유의수준
- 가설, 영가설, 대립가설

❶ 추리통계의 이해

기술통계가 평균 등의 대표값을 이용하여 수집된 데이터의 속성을 이해하려는 방법이라면, 추리통계는 수집된 데이터의 분석 결과를 토대로 그보다 큰 집단이나 상황에 대한 확장된 이해와 추론을 하기 위한 접근 방법이다. 추리통계의 이해와 활용을 위해서는 관련 개념들에 대한 이해가 선행되어야 한다.

1) 확률(probability)

기술통계에서 추리통계로 나아가기 위해서는 확률에 대한 이해가 필수적이다. 확률이란 특정 사건이 일어날 수 있는 경우의 수를 모든 경우의 수로 나눈 값을 의미하는데, 통계에서는 지금 한 번의 시행으로 발생한 결과가 같은 조건에서 다시 시행하더라도 같은 결과를 보일 것인지에 대한 판단이라고 할 수 있다. 우리가 흔히 '십중팔구는 같을 것'이라고 얘기할 때 이를 확률적으로 해석하면 열 번 해보면 여덟, 아홉 번은 같은 결과가 나올 것이라고 추론하는 것과 같은 논리이다.

기본적으로 어떤 일의 발생 확률은 0에서 1 사이, 즉 0%에서 100% 사이에 존재한다. 이를 통계적 맥락에서 보면, 지금 한 번의 시행으로 발생한 결과를 동일 조건에서 100번 다시 시행했을 때 같은 결과를 보일 가능성은 0번에서 100번(0%에서 100%) 사이이고, 0에 가까울수록 같은 결과가 나올 확률이 낮고 100에 가까울수록 같은 결과를 보일 확률이 높음을 의미한다. 따라서 확률이 (예를 들어, 5% 미만으로) 매우 낮으면 지금 관찰된 결과가 다시 시행했을 때도 같은 결과로 이어질 것이라고 기대하기는 어렵다고 이해할 수 있다.

2) 모집단(population) vs. 표본(sample)

모집단은 연구하고자 하는 대상 전체를 의미하고, 이 모집단으로부터 추출되어 모집단을 대표하는 대상의 군집을 표본, 또는 표본집단이라 한다(김태성, 장지현, 백평구, 2019). 인구 센서스 등을 제외하면 실제 대부분의 연구는 일부 집단이나 특정 현상에 대한 분석 결과를 토대로 유사한 특성을 가진 전체 집단이나 현상의 특성을 추론하는 방식으로 이루어진다. 다시 말해, 모집단으로부터 일부 표본을 뽑아 이에 대해 분석한 결과가 모집단에도 그대로 적용될 수 있는지, 즉 표본으로부터 구한 통계치(statistic)가 모집단의 속성을 나타내는 모수치(parameter)와 일치할 확률이 얼마나 되는지 살펴보는 방식으로 통계적 추론을 시도한다.

따라서 정확한 추론을 위해서는 통계 분석이 제대로 이루어져야 하겠지만, 그보다 먼저 챙겨야 할 사항이 적절한 표집(표본 추출)이다. 만약 모집단의 속성과 전혀 다른 속성을 가진 표본 집단이 구성되었다면 이를 분석한 결과로 모집단에 대해 추론을 시도하는 것은 당연히 타당하지 않을 것이기 때문이다. 이를 다른 말로 외적 타당도에 문제가 있다고 표현하는데, 통계 분석 결과가 외적 타당도를 확보하려면 모집단을 잘 대표하는 표본을 추출해야 한다. 특히, 잘못된 표집(sampling)으로 인해 추론에 오류가 생기는 것을 표집오차(sampling error)라 하고 이를 줄이기 위한 세심한 주의가 필요하다.

3) 확률표집(probability sampling) vs. 비확률표집(nonprobability sampling)

표집오차를 줄이고 외적 타당도를 확보하기 위한 대표적인 표집 방법이 확률표집이다. 확률 표집은 확률 이론에 근거해 모집단의 모든 개체들이 똑같은 확률로 뽑히고 각 개체들이 표본으로 선정되는 사건은 상호독립적으로 이루어질 것이라는 가정하에 임의 표집(random sampling)으로 이루어진다(이종성 외, 2007). 이러한 확률표집의 방법으로 단순임의표집 (simple random sampling), 층화임의표집(stratified random sampling), 군집표집(cluster sampling) 등이 있다. 단순임의표집은 모든 대상이 표본으로 선정될 확률이 같은 상태에서 표본을 추출하는 것이고, 층화임의표집은 모집단의 특성을 파악하여 몇 개의 층 또는 집단으로 구분한 후 그 층이나 집단에서 임의표집하는 방법이다. 군집표집은 최종적인 표집 단위가 상위 집단에 속해 있다면 이 상위 집단을 먼저 표집하고, 상위 집단이 여러 수준이라면 상위 수준부터 순차적으로 하위 수준의 집단을 표집한 다음 마지막 수준의 집단에서 집단 내 표집 단위를 임의표집하는 방법이다.

한편, 확률표집이 현실적으로 불가능하거나 모집단을 정확히 정의하기 어려운 경우, 모집단이 작거나 특이한 사건을 연구하고자 할 경우에는 비확률표집을 하게 된다. 비확률표집 방법으로는 편의표집(convenience sampling), 판단표집(judgement sampling), 눈덩이표집(snowball sampling) 등이 있다. 앞서 언급하였듯이 분석 결과의 외적 타당도 확보를 위해서는 확률표집이 바람직하지만, 현실적으로 어려운 경우나 연구의 목적이나 상황에 따라 표집 방법을 달리해야 할 수도 있다. 이처럼 비확률표집을 할 수밖에 없는 경우에는 가급적 표본의 크기를 최대한 키우는 것이 표집오차를 줄일 수 있는 최선의 방법이다(양병화, 2016).

4) 모수치(parameter) vs. 통계치(statistic)

모수 또는 모수치는 모집단의 속성과 관련한 값이고, 통계치 또는 통계량은 표본과 관련한 값이다. 예를 들어, 집단의 대표적인 속성인 평균과 표준편차가 모집단에 대해서는 μ(뮤)와 σ (시그마)로, 표본에 대한 통계치는 $\overline{X}$와 s로 표현된다. 모집단의 방대함과 역동성으로 인해 실제 모수치는 알기 어렵지만 모집단의 속성은 엄연히 존재하며(성태제, 2019), 이를 알기 위해 모집단을 대표하는 표본을 추출하여 표본의 속성으로 모집단의 속성을 추론하게 된다. 이렇듯 표본의 속성을 나타내는 통계치로 모수치를 추정(estimation)하기 때문에 이 통계치를 모수의 추정치(estimate)라고도 한다(이종성 외, 2007).

예를 들어, 어떤 교육기관에서 A라는 프로그램을 시행한 후 이 프로그램의 참여자 전체를 대상으로 만족도를 조사했다면 이 조사 결과에서 나온 만족도의 평균과 표준편차는 그 자체로 모수치에 해당한다. 프로그램 참여자가 총 1,000명이고 교육기관이 이들 모두에 대해 만족도를 측정하여 분석했다면 모수치를 얻을 수 있는 것이다. 그러나 이 프로그램에 참여한 사람이 100,000명 정도이고 여러 여건상 참여자 모두를 조사할 수 없어 모집단을 대표할 만한 일부를 대상으로 만족도를 조사하였다면, 이때 얻게 된 평균과 표준편차는 모수치를 추정하기 위한 통계치에 해당한다.

5) 기술통계(descriptive statistics) vs. 추리통계(inferential statistics)

기술통계는 수집된 데이터의 속성을 요약하여 제시해주는 통계인 반면, 추리통계는 표본으로부터 수집한 데이터를 가지고 모집단의 속성을 추론하는 통계이다. 즉, 표본으로부터 얻은 통계치로 모집단의 모수치를 추정함으로써 모집단의 속성을 예측한다. 또한, 추리통계는 통계치를 가지고 모수치에 대한 가설을 검증하는 것도 포함한다.

예를 들어, 우리나라 제조업 종사자들의 이직률이 높아짐에 따라 이들의 이직의도에 대한 조사를 한다고 가정해보자. 현실적으로 모집단인 우리나라 제조업 종사자 모두를 대상으로 조사를 시행하기란 매우 어려운 일이 아닐 수 없다. 상당한 시간이 걸릴 것이고 그만큼 비용도 엄청나게 들 것이다. 조사 도중에 동일 산업 내 또는 산업 간 이직을 하는 사람들도 적지 않아 어려움은 가중될 것이다. 따라서 우리나라 제조업 종사자들을 대표할 만한 표본을 선정하여 조사를 시행하고, 수집된 표본 데이터로부터 얻은 통계치로 모집단에 대한 추리를 하는 것이 더 효율적이고 합리적일 것이다. 즉, 표본 데이터에 대해 기술통계를 시행하여 얻게 된 이직의도의 평균과 표준편차로 우리나라 제조업 종사자들 전체의 이직의도 평균과 표준편차를 추리하는 것이 추리통계이다. 또한, 우리나라 제조업 종사자들의 이직의도에 영향을 미치는 요인들을 규명하고자 할 경우, 예상되는 요인들과 이직의도 간 인과관계에 대한 가설을 세워 검증을 시도할 수도 있다. 이처럼 이론적 또는 경험적 배경에 기초하여 논리적으로 타당한 가설을 세운 후 그 가설의 진위를 통계적으로 검증하는 것 또한 추리통계이다.

6) 모수통계(parametric statistics) vs. 비모수통계(non-parametric statistics)

모수통계는 표본의 데이터로부터 나온 통계치로 모수치를 추정하는 방법으로, 분석 대상이 되는 종속변수가 비율 또는 등간척도로 측정된 경우에 실행된다. 모수통계는 변수가 나타내는 모집단의 분포가 확률분포로서 정규분포를 이루고 있다는 가정을 충족해야 하고, 만약 두 개 이상의 모집단을 비교할 때는 이들의 분산이 같다(등분산성)는 가정 또한 충족해야 한다(성태제, 2019).

비모수통계는 모수통계에서의 기본 가정인 모집단의 정규성과 등분산성이 충족되지 않을 때 적용하는 통계적 추리 방법이다. 비모수통계는 종속변수가 명목척도나 서열척도로 측정된 질적 변수일 때 택하게 되는데, 모집단의 형태와 관계없이 분석하는 데이터에서 직접 확률을 계산하여 통계적 검정을 한다. 한편, 명목척도는 그 자체로 정도나 크기를 나타낼 수 없어 원천적으로 모수통계를 적용할 수 없지만, 서열척도는 실제 분석에서 모수통계가 적용되기도 한다. 본질적으로는 질적 데이터이지만 서열이 어느 정도 세분화되어 있고 분석하려는 데이터의 분포가 정규분포에 가까우면 모수통계가 가능하기 때문이다.

7) 정규분포(normal distribution)

많은 자연현상과 사회현상을 살펴보면 중심 주변부에서 많은 일이 일어나고 중심으로부터 양옆으로 멀어질수록 발생 빈도가 줄어드는 양상을 보인다. 다시 말해, 특정 현상과 관련한 자료들은 평균을 중심으로 모여 있고 이를 기준으로 좌우대칭의 분포를 보여 가운데가 솟은 종 모양을 취하는 정규분포를 이루는 경우가 많다. 이를 통계적으로 표현하면, 연속형 데이터가 평균을 중심으로 좌우대칭이고, 따라서 평균, 중위수, 최빈수가 모두 같은 단봉의 분포를 가진다. 또한, 정규분포 곡선 아래 구간의 면적은 그 구간에 해당하는 확률을 의미하는데, 추리통계는 데이터로부터 얻은 값이 모집단의 정규분포에서 어디에 위치하는지를 통해 현상이 일어날 확률을 예측하므로 정규분포는 매우 중요한 개념이자 분석의 전제가 된다.

사실 대부분의 경우 실제 모집단의 모수치와 분포를 알기는 어렵다. 하지만 이론적으로 모집단에서 표본을 추출하는 행위를 무수히 반복하여 각 표본에서 얻어진 평균의 분포를 그리면 정규분포를 갖는다. 이러한 분포를 평균의 표집분포(sampling distribution of the mean)라고 하며, 이론적으로 표집분포의 평균은 모수의 평균과 같고, 표집분포의 분산(σ^2/N)은 모집단의 분산(σ^2)을 표본 크기(N)로 나눈 값과 같다. 표집분포는 표본의 통계치로 모수를 추정하는 추리통계에서 가장 기초적이고 핵심적인 개념이다. 만약 표집분포의 개념이 없다면, 통계치를 가지고 모수치를 추정하는 통계적 검정은 불가능하다(이종성 외, 2007).

8) 표준정규분포(standard normal distribution)

정규분포는 평균과 표준편차에 따라 종의 위치와 모양이 달라진다. 평균이 정규분포 종 모양의 중심이므로 평균의 위치에 따라 종의 위치가 정해지고, 평균을 중심으로 자료들이 얼마나 모여(또는 흩어져) 있는지를 나타내는 분산(편차의 제곱)에 따라 종의 높이와 폭이 정해지기 때문이다. 평균과 표준편차(분산의 제곱근)에 의해 종의 위치와 형태가 달라지더라도 평균으로부터 특정 범위 사이의 확률은 다르지 않다. 예를 들어, 종(정규분포)의 위치나 형태와 무관하게 평균을 중심으로 ±1표준편차 범위 내에 있는 사례는 전체 사례의 약 68.26%를 차지한다. 하지만 정규분포의 위치와 모양이 제각각이면 확률적 파악이 어렵고 무엇보다 집단 간 비교에 혼선을 초래할 수 있으므로 평균이 0이고 표준편차가 1인 표준화 점수 Z를 활용하여 표준정규분포(standard normal distribution)로 변환할 수 있다.

다음의 그림은 정규분포와 표준정규분포 간의 관계를 일목요연하게 보여준다. Z점수는 원점수를 전체 평균으로 빼서 중심화(centering)하고 이를 표준편차로 나누는 방법으로 평균을 0, 표준편차를 1로 표준화한 점수이고, 이를 식으로 나타내면 $z = (X - \mu)/\sigma$이다. Z점수로 변환된 표준정규분포의 평균($\mu = 0$)으로부터 1σ까지의 분포는 전체 사례의 약 34.13%이고, 평균으로부터 $\pm 1\sigma$ 범위 내의 사례는 전체의 약 68.26%이다($\pm 2\sigma$ 범위 내 사례는 약 95.44%, $\pm 3\sigma$ 범위 내 사례는 약 99.72%). 참고로, 표준정규분포에서 평균을 중심으로 95%와 99%의 면적을 차지하는 구간은 각각 ± 1.96과 ± 2.58의 범위이다.

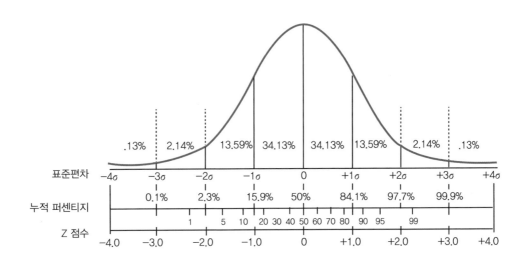

✏️ **Tips**

• 추리통계에 앞서 연속형 데이터는 기술통계와 빈도분석 등을 통해 정규분포에 가까운지를 검토해야한다. 모수를 추정하는 추리통계인 모수통계는 정규분포의 가정과 등분산성 가정에 기반하기 때문이다. 만약 종속변수가 정규성을 충족하지 못하거나 명명 또는 서열척도로 측정된 범주형 데이터여서 비모수통계를 하게 되더라도 독립변수 중 연속형 변수가 있다면 이 또한 정규분포에 가까운지를 검토하는 것이 좋다.

• 연속형 변수의 데이터가 정규분포 가정을 충족하는지는 기술통계의 왜도와 첨도 값을 통해 확인할수 있다. 사례들이 치우쳐 있는 정도를 나타내는 왜도와 특정 값에 사례들이 모이거나 퍼진 정도를나타내는 첨도는 모두 0에 가까울수록 정규분포에 가깝고, 왜도와 첨도가 각각 절대값 3과 10을넘지 않으면 정규분포에 큰 문제가 없는 것으로 판단한다(Kline, 2015). 또한 정규분포는 왜도와첨도뿐만 아니라 히스토그램을 활용하여 시각적으로도 검토해 볼 수 있다. 예를 들어, (3장에서 제시되었던) 아래 히스토그램을 보면 연령(age)과 근속기간(tenure)이 모두 정규분포곡선과 유사한형태를 띠고, 연령 변수가 시각적으로 더욱 정규성이 강해 보인다는 것을 알 수 있다. 물론 왜도와첨도를 통해 두 변수 모두 정규분포 가정을 충족하고 있음이 (역시 3장에서) 분석상으로도 확인되었다.

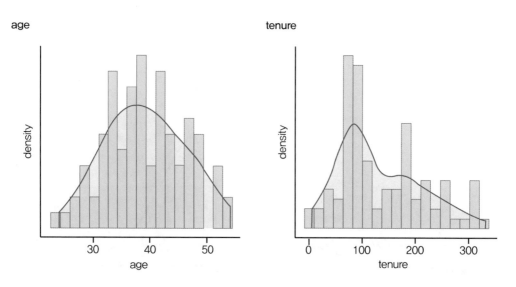

• 한편, 근속기간 히스토그램은 근속기간이 짧은 왼쪽 구간에 상대적으로 많은 사례가 집중되고 오른쪽으로 갈수록 길게 늘어지듯이 사례가 줄어드는 경향을 보인다. 여기서는 그 정도가 매우 강하다고볼 수 없고 정규분포 가정도 충족하였지만, 그러한 경향성이 훨씬 뚜렷하게 보이는 다양한 경우들이존재한다. 그처럼 좌측이 높고 우측으로 갈수록 급격히 줄어드는 모양을 띤 분포를 멱함수 분포라하며, 대표적인 예로 국민들의 소득, 임직원 연봉, 기업 규모(직원 수) 등이 있다. 소득이나 연봉의경우 다수의 사람들이 왼쪽(소득이나 연봉 수준이 상대적으로 낮은 쪽)에 몰려 있고 오른쪽(소득과

연봉이 상대적으로 높은 쪽)으로 갈수록 사례 수가 줄어드는 경향을 보인다. 기업 규모 또한 직원 수가 적은 중소기업이 절대다수를 차지하고 규모가 커질수록 그 수가 점점 줄어드는 경향으로 정규분포와 차이가 있다.

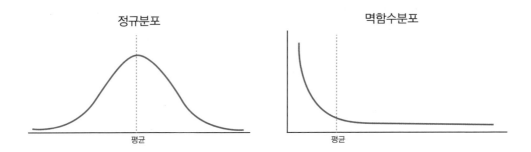

멱함수 분포를 보이는 변수에 대해서는 로그나 자연로그를 취하는 방법으로 데이터의 분포가 정규성을 갖도록 변환을 시도할 필요가 있다. 정규분포 가정이 충족되지 않으면 원칙적으로 모수통계를 시행할 수 없기 때문이다. 자연로그는 엑셀에서 자연로그 함수 'LN'을 활용하거나 jamovi의 변수 계산(Compute)에서 자연로그 함수 'LN'을 선택하여 새로운 변수를 만들면 된다.

Descriptives

	employee	training	ln_employee	ln_training
N	271	271	271	271
Missing	0	0	0	0
Mean	9.01	217	1.51	3.52
Median	4	30	1.39	3.4
Standard deviation	13.8	649	1.13	1.92
Minimum	1	0.5	0	−0.693
Maximum	110	5176	4.7	8.55
Skewness	3.77	5.33	0.437	0.216
Std. error skewness	0.148	0.148	0.148	0.148
Kurtosis	18.6	31.9	−0.509	−0.21
Std. error kurtosis	0.295	0.295	0.295	0.295

예를 들어, 2019년 한국인적자본기업패널 조사에 포함된 국내 271개 기업의 직원 수와 교육훈련비 변수 및 이들에 자연로그를 취해 변환한 변수에 대한 기술통계 결과는 위와 같다. 직원 수(employee)와 교육훈련비(training) 변수의 왜도와 첨도는 각각 절대값 3과 10을 초과하여 정규분포에 위배되나, 이들에 자연로그를 취한 변수들은 왜도와 첨도가 모두 0을 중심으로 확인되어 정규

성을 인정할 수 있게 된다. 또한 히스토그램을 그려보면 자연로그를 취하지 않은 원래의 변수들은 멱함수 분포에 가까우나 자연로그를 취한 변수들은 정규분포에 가까워진 것을 확인할 수 있다.

- 히스토그램을 통해 데이터의 분포를 시각적으로 확인해봐야 할 다른 이유도 있다. 터무니없이 높거나 낮은 값을 가진 몇몇 이상치(outlier)로 인해 왜도와 첨도 값이 양호하게 나오지 않는 경우 히스토그램을 통해 분포를 확인해보면 이를 비교적 쉽게 식별할 수 있다는 점이다. 이런 경우에는 이상치의 제거 등 적절한 조치를 취한 후 다시 왜도와 첨도, 히스토그램을 통해 정상분포에 가까워졌는지 확인할 수 있을 것이다.
- 한편, 자연로그를 취하거나 이상치를 제거하는 방법으로도 데이터의 분포가 정규분포를 이루지 않는다면 범주형 데이터로의 변환을 고려해야 할 수 있다. 예를 들어, 기업 데이터를 확률표집이 아닌 편의표집을 통해 수집한 결과 기업 규모(직원수) 분포가 일반적인 멱함수 분포나 정규분포를 보이지 않는 경우가 있을 수 있다. 어떤 방법으로도 정규분포로의 변환이 불가하다면 적절한 근거(중소기업 관련 법 등에서 제시하는 중소기업과 중견기업, 대기업 규모에 대한 기준)에 따라 직원 수를 기준으로 중소기업, 중견기업, 대기업 등의 범주형 데이터로 변환한 뒤 적절한 분석을 시행할 수 있다.

❷ 추정과 가설 검정

추리통계는 기본적으로 연역적 분석 방법이며, (앞서 설명하였듯이) 모집단의 모수 추정(estimation)과 모집단의 모수에 관한 가설 검정(hypothesis testing)을 포함한다. 다시 말해, 기존의 이론적, 경험적 이해를 토대로 '아마도 이러할 것이다'라는 추정 또는 가설을 세우고, 실제로 그러할 확률이 얼마나 되는지를 살펴봄으로써 진위를 검증하는 것이다. 추리통계를 위해서는 추정과 신뢰구간(confidence interval), 가설 검정과 유의수준(significance level) 등에 대한 이해가 필요하다.

1) 추정과 신뢰구간

추리통계에서 추정은 모집단의 모수를 추정하는 것으로 특정 통계치를 사용하는 점추정(point estimation)과 모수치가 포함될 신뢰구간으로 추정하는 구간추정(interval estimation)으로 구분할 수 있다. 그런데 실제로 어느 한 표본집단으로부터 나온 특정 통계치가 정확히 모수치와 일치하기는(점추정) 거의 불가능하기 때문에 모수치가 포함될 구간을 제시하는 것이 일반적이다. 다시 말해, 구간추정은 표집을 무한히 반복할 때 각 표본집단으로부터 나온 통계치들의 표준오차(표집분포의 표준편차)를 고려하여 모수치가 포함될 구간을 확률적으로 추정하는 것이다(이종성 외, 2007).

📝 **Tips**

표준편차와 표준오차, 표집오차 등이 어떤 차이가 있는지 개념적으로 혼란스러울 수 있다. 표집분포의 표준편차(standard deviation)를 표준오차(standard error)라 하는데 여기에는 표집오차(sampling error)의 개념이 개입되었기 때문이다(이종성 외, 2007). 표집을 통한 표본평균이 모평균과 동일하다는 보장이 없고 항상 어느 정도의 오차가 생길 수밖에 없는데 이러한 오차는 표집 행위로부터 오기 때문에 표집오차라 불린다.

구간추정에서 구간추정치(interval estimate)를 제시한다는 것은 신뢰구간(confidence interval)을 제시한다는 것과 동일한 의미이며, 신뢰구간은 이론적 확률분포인 표집분포의 원리에 의해 모수가 포함되었을 것으로 확신하는 확률 구간이다(서울대학교 교육연구소, 2011). 이때 추리에서 확신할 수 있는 정도를 신뢰수준(confidence level)이라 하며, 일반적으로 95%와 99%가 많이 쓰인다. 신뢰수준이 95%인 경우에는 구간추정치(신뢰구간) 내에 모수치가 있을 확률이 95%이고, 모수치가 이 구간 밖에 있을 확률은 5%임을 의미한다. 예를 들어, 모집단의 평균 μ 를 추정한다고 할 때 95%의 신뢰수준에서 신뢰구간은 '$\overline{X}$(표본평균)$\pm 1.96 \times$ 표준오차(표집분포의 표준편차)'의 범위이다. 이것이 의미하는 바는 이 구간 내에 모수치가 포함되었을 확률은 95%이고, 이 구간을 벗어나 1.96 표준오차보다 크고 -1.96 표준오차보다 작은 구간에 모수치가 있을 확률은 5%라는 것이다.

📝 **Tips**

표집분포로부터 신뢰구간이 어떻게 도출되는지를 좀 더 구체적으로 설명하면 다음과 같다. 모집단이 정규분포이고 모집단의 평균과 표준편차가 μ와 σ이라면 표본들의 표집분포는 정규분포를 이루며 표집분포의 평균과 표준편차(표집분포의 표준편차는 표준오차라고도 함)는 μ와 $\sigma/\sqrt{N}$이다. 즉, 표본 크기가 N인 독립표본을 추출하여 산출한 표본평균 $\overline{X}$는 평균이 μ, 표준편차가 $\sigma/\sqrt{N}$인 정규분포를 이룬다. 그리고 이 $\overline{X}$를 z값으로 표준화하면 z값은 원점수에서 전체평균을 뺀 후 표준편차로 나눈 값이므로 $z = \dfrac{\overline{X} - \mu}{\sigma/\sqrt{N}}$ 이고, 표준정규분포인 z분포에서 양측으로 95%의 확률에 해당하는 구간은 −1.96부터 1.96까지이다. 이 두 가지 사실 중 후자인 z분포에서 95%의 확률을 나타낸 수식은 다음의 식①이고, $z = \dfrac{\overline{X} - \mu}{\sigma / \sqrt{N}}$ 이므로 이를 대입한 수식은 식②이다.

$$P(-1.96 \leq z \leq 1.96) = .95 \qquad\qquad \text{식①}$$

$$P\left(-1.96 \leq \dfrac{\overline{X} - \mu}{\sigma / \sqrt{N}} \leq 1.96\right) = .95 \qquad\qquad \text{식②}$$

이 두 가지 식을 가지고 모집단의 평균 μ를 중심으로 한 확률로 유도하면 결국 다음과 같이 식③으로 정리된다.

$$P\left(\overline{X} - 1.96\dfrac{\sigma}{\sqrt{N}} \leq \mu \leq \overline{X} + 1.96\dfrac{\sigma}{\sqrt{N}}\right) = .95 \qquad\qquad \text{식③}$$

이 식은 모집단의 평균 μ가 $\overline{X} \pm 1.96\dfrac{\sigma}{\sqrt{N}}$ 의 구간 내에 포함될 확률이 .95, 즉 95%라는 뜻이다. 그리고 $\sigma / \sqrt{N}$ 은 표준오차(표집분포의 표준편차)이므로 앞서 95%의 신뢰구간은 '$\overline{X} \pm 1.96 \times$표준오차'의 범위라고 설명되었던 것이다. 이와 같은 원리로 표준정규분포인 z분포에서 양측으로 99%의 확률에 해당하는 구간은 −2.58부터 2.58까지이므로 99%의 신뢰구간은 '$\overline{X} \pm 2.58$표준오차'의 범위이다.

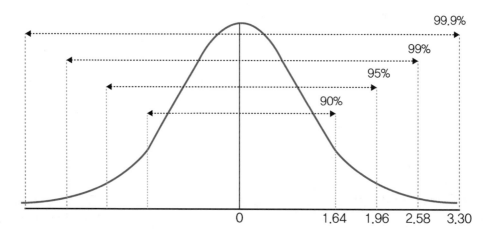

2) 가설 검정과 유의수준

가설이란 'A는 B일 것이다(A=B)'와 같은 명제 또는 주장으로 경험과 논리에 기반한 잠정적 사실이다. 여기서 '잠정적'이란 실증을 토대로 그 진위에 대한 평가가 이루어져야 함을 시사하며, 동시에 추리통계의 역할과 기능을 제시한다. 다시 말해, 추리통계는 데이터를 활용하여 가설을 검정하는 분석 활동이다. 일반적으로 가설은 'A와 B는 같을 것이다', 'A와 B는 상관이 없을 것이다', 'A는 B에 영향을 미치지 않을 것이다'와 같이 현상과 현상 또는 개념과 개념 간의 잠정적 관계로 기술되고, 통계적 가설은 이를 모집단의 분포나 모수에 관한 것으로 기술된다. 보통 통계적 가설은 영가설(null hypothesis)과 이에 대응하는 대립가설(alternative hypothesis)로 구분된다. 영가설은 귀무가설이라고도 하며 H_0로 표시하고, 대립가설은 연구가설이라고도 하며 H_1으로 표시하고, H_0와 H_1는 상호배타적이다. 일반적으로 추리통계에서는 영가설을 수립하고 이의 채택 또는 기각 여부를 판단하는 접근을 취한다. 즉, 대립가설이 아니라 영가설을 기준으로 채택 또는 기각을 결정하며, 영가설의 기각은 대립가설의 채택을 의미하는 것이기도 하다.

여기서 한 가지 유념할 점은 추리통계는 근본적으로 오류의 위험을 내포한다는 점이다. 표본 집단에 대한 분석을 토대로 모집단을 예측하는 추리통계의 속성과 다양한 우연적 요소의 개입 가능성 등으로 인해 오류가 없을 수는 없다. 따라서 핵심은 오류 발생 가능성이 어느 정도 수준이냐 하는 것인데, 여기에 유의수준(significance level)의 개념이 등장한다. 보통 α(alpha)로 표현되는 유의수준은 영가설을 채택하는 것을 확률적으로 어느 정도 확신할 수 있는지를 의미하는 신뢰수준에 대응하는 개념으로 추론의 오류 확률을 나타내는데, 사회과학에서는 일반적으로 .05와 .01의 유의수준을 설정한다. 이 기준은 영가설이 참임에도 불구하고 이를 기각하고 대립가설을 채택하는 판단의 오류로서 1종 오류라 하는데, .05와 .01의 유의수준을 설정했다는 것은 이 1종 오류를 5% 또는 1% 미만에서 범할 수 있음을 의미한다.

✐ Tips

여기에서 다룬 추리통계와 가설 검정에 대한 기본 가정과 관련 개념들은 추리통계 실전으로 들어가기 위해 필수적으로 이해할 필요가 있는 것들이다. 물론 기초통계에 대한 개념이나 통계분석에 익숙하지 않다면 이 장에서 다룬 내용을 완벽하게 이해하기 어려울 수 있다. 하지만 크게 걱정하지 않아도 된다. 여기에서 논의된 개념들이 다음 장부터 구체적인 상황과 함께 다루어질 것이기 때문이다. 또한, 데이터 세트만 잘 정비하면 jamovi나 SPSS 등 통계 패키지들에서 해당 검정방법에 따라 통계치들을 계산해주고, 신뢰수준을 정해주면 신뢰구간도 제시해주며, 해당 검정통계치의 유의확률도 계산해주기 때문에 가설의 기각 또는 채택 여부를 손쉽게 판단할 수 있게 될 것이다.

더 알아보기 1

　가설 검정은 일반적으로 유의수준을 미리 정해놓고 이를 기준으로 영가설을 채택하거나 기각하는 방식으로 진행되는데, 이종성 외(2007)는 가설 검정 절차를 7단계로 정리하여 다음과 같이 제시하였다.

1. 검정하고자 하는 영가설과 대립가설을 설정한다.
2. 유의수준을 설정한다. 유의수준은 영가설을 채택하거나 기각하는 기준으로 일반적으로 .05 또는 .01로 채택된다.
3. 어떠한 검정통계량(test statistics)으로 가설 검정을 하는지를 진술한다. 검정통계량은 추정하려고 하는 모수, 모집단의 분포, 검정에 필요한 가정에 따라 결정된다.
4. 영가설이 참이라는 가정하에 검정통계량의 임의표집분포를 진술한다. 모수에 대해 구간추정을 하거나 표준편차(σ)를 알고 있는 단일모집단의 평균을 추리하는 가설 검정은 z검정을 하므로 z분포를 제시하지만, 검정통계량이 t검정통계량이라면 t분포를, F검정통계량이라면 F분포를 제시한다.
5. 영가설의 기각영역을 확인한다. 유의수준이 .05이고 양측검정일 때 z분포에서 기각영역은 z < −1.96 또는 z > 1.96이다. 유의수준이 .01이고 양측 검정일 때 z분포에서 기각영역은 z < −2.58 또는 z > 2.58이다.
6. 표본의 통계치를 가지고 검정통계치를 산출한다. 표본 통계치를 활용한 z검정에서는 z값을, t검정에서는 t값을, F검정에서는 F값을 구한다.
7. 이 검정통계치가 기각영역 내에 있는지를 확인한다. 만약 표본으로부터의 검정통계치가 유의수준 .05에서 기각영역 내에 있다면 '유의수준 .05에서 영가설은 기각되었다' 또는 '추정치는 유의수준 .05에서 통계적으로 유의(미)하였다' 등으로 기술한다. 반대의 경우에는 '유의수준 .05에서 영가설은 기각되지 않았다' 또는 '추정치는 유의수준 .05에서 통계적으로 유의(미)하지 않았다'고 기술한다.

더 알아보기 2

원래의 데이터(원점수)를 평균이 0이고 표준편차가 1인 표준점수(Z)로 변환하거나 정규분포의 개념을 이용하면 확률 계산과 집단 간 비교 등이 용이하다는 점을 살펴본 바 있다. Z점수 변환이나 정규분포를 통한 확률 계산은 엑셀 함수를 활용하여 쉽게 해결할 수 있는데, 여기에서는 가상의 시나리오를 기반으로 이를 살펴본다.

> 기업의 채용담당자가 지원자들이 제출한 TOEIC 성적을 활용하여 이들의 영어 실력을 비교하고자 한다. TOEIC 시험은 지필과 CBT(컴퓨터 기반 테스트)의 두 형태로 시행되었는데, 지원자 A는 지필 시험 860점을, 지원자 B는 CBT 110점을 제출하였다. 각 시험의 점수 체계가 달라 이 둘을 직접 비교하기는 어렵지만, 다행히 이 담당자는 표준점수와 정규분포의 개념을 알고 있다. 따라서 분석을 위해 TOEIC 위원회 홈페이지에서 전체 지필 시험 응시자의 평균(628)과 표준편차(172) 및 CBT 응시자의 평균(80)과 표준편차(21)를 확인하였다.

엑셀의 표준화 함수를 활용하여 두 지원자의 원점수를 Z점수로 표준화할 수 있으며, 방법은 다음과 같다.

1. 엑셀을 열어 지원자 및 원점수 데이터 입력
2. STANDARDIZE 함수 사용 – 함수삽입 기능(f_x) 클릭 또는 셀에서 직접 '=STANDARDIZE' 입력
3. STANDARDIZE 함수에서 지원자 원점수, 응시자 전체 평균, 응시자 전체 표준편차 순서로 입력
- C2: =STANDARDIZE(B2, 628, 172)
- C3: =STANDARDIZE(B3, 80, 21)

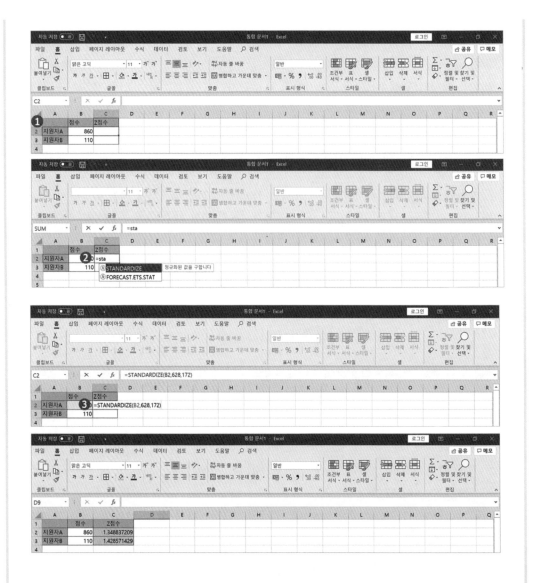

표준점수 변환 결과 지원자 A의 Z점수는 1.3488, 지원자 B의 Z점수는 1.4286이다. 따라서 지원자 B의 영어 실력이 더 우수하다고 판단할 수 있다.

이어서 이들이 전체 TOEIC 응시자 중 어느 정도에 위치하는지 살펴보기 위해 엑셀의 정규분포 함수를 활용할 수 있으며, 방법은 다음과 같다.

1. NORM.DIST 함수 사용 – 함수삽입 기능(f_x) 클릭 또는 셀에서 직접 '=NORM.DIST' 입력

2. NORM.DIST 함수에서 지원자 원점수, 응시자 전체 평균, 응시자 전체 표준편차, 누
   적확률 순서로 입력
- D2: =NORM.DIST(B2, 628, 172, TRUE)
- D3: =NORM.DIST(B3, 80, 21, TRUE)

※ 표준정규분포 함수인 NORM.S.DIST를 활용하면 Z점수와 누적확률만을 입력하게 되
   어 있으며 결과는 동일하다. Z점수가 이미 평균과 표준편차 정보를 활용하여 계산되
   었기 때문이다.

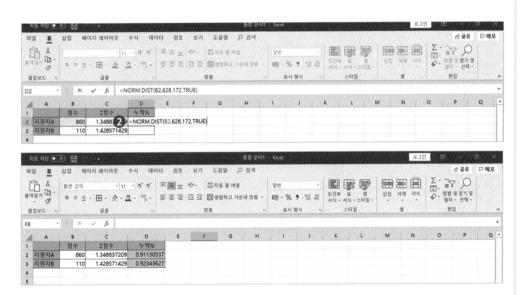

위의 분석을 통해 지원자 A는 전체 응시자 중 상위 91.13%, 지원자 B는 상위 92.34%
지점에 해당한다는 것을 알 수 있다.

Part 3

비교를 위한 통계

조직 내에서는 구성원들에게 새로운 정보와 지식을 전달하거나 기존의 인식과 태도를 바꾸기 위해 다양한 형태의 교육이 이루어진다. 일반적으로 교육은 그 자체로서 바람직한 활동이지만, 특정 목표를 위해 시간과 노력과 자원이 투입된다는 점에서 그 효과성과 효율성에 대한 평가가 반드시 수반되어야 한다. 특히 학습자들이 제공되는 교육에 만족했는지, 교육을 통해 적절한 학습 성취가 이루어졌는지, 어떤 교육 방법이 다른 방법보다 더욱 효과적인지 등은 교육의 이해관계자들이 항상 관심을 두는 사항이다. 또한, 소속, 연령, 성별 등 각기 다른 특성을 가진 집단들 사이에 교육의 결과에 있어 차이가 있는지 등을 살펴봐야 하는 경우도 많다.

이러한 질문들에 대한 답을 찾기 위해 기존의 경험이나 직관을 활용하거나, 설문이나 시험을 시행한 후 결과에 대한 산술적인 집계나 시각적인 그래프 등을 활용할 수 있다. 하지만 적절한 통계 분석 방법을 활용한다면 더욱 과학적인 결과와 깊이 있는 통찰을 얻을 수 있을 것이다.

※ 아래 그림은 Part 3에서 다루는 추리통계 방법들에 대한 요약으로, 전체 내용의 핵심 정리에
  도움이 될 것이다.

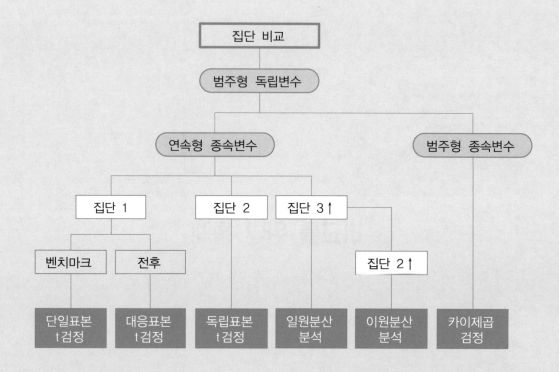

Chapter 5

집단 평균 비교 - t검정

교육기관A에서는 전체 200명을 대상으로 영어 능력 향상 교육A를 계획하고 있다. 교육A는 학습자에게 선호도에 따른 선택의 기회를 제공하고, 새로운 교육 방법인 플립러닝의 효과성을 살펴보고자 강의실 수업과 플립러닝의 두 가지 방식으로 시행될 예정이다.

종료 후에는 교육의 품질과 효과를 살펴보기 위해 학습자 만족도와 성취도 평가를 시행한 후 결과를 분석하고자 한다. 만족도 평가를 위해 3개 영역(교육내용, 강사, 교육환경)에 대해 5점 척도의 설문조사를 실시하고, 학습 성취도 평가를 위해서는 교육 시행 전후 관련 내용에 대한 테스트를 실시하고 결과를 분석할 것이다.

본 장의 시나리오에 대한 분석을 위해 다음의 통계 방법을 활용한다.

- 기술통계
- 단일표본 t검정(One Sample T-Test)
- 독립표본 t검정(Independent Samples T-Test)
- 대응표본 t검정(Paired Samples T-Test)

핵심 용어

- 가설(hypothesis), 가설 검정(hypothesis test)
- 영가설(null hypothesis), 대립가설(alternative hypothesis)
- 양측 검정(two-tail test), 단측 검정(one-tail test)
- 유의확률, 유의수준(significance level), 통계적 유의성(statistical significance)
- 효과 크기(effect size), Cohen's d
- 등분산성(homogeneity of variances, equality of variances)

❶ 분석 목적과 방법

전반적인 현황 파악과 심층 분석의 출발점으로서의 기술통계 분석, 한 집단과 이론적, 경험적 기준이 되는 벤치마크와의 차이 분석을 위한 단일표본 t검정, 한 집단 내 쌍을 이루는 자료들 사이의 차이 분석을 위한 대응표본 t검정, 두 집단 사이의 차이 분석을 위한 독립표본 t검정에 대해 살펴본다.

1) 기본 정보 분석 - 기술통계

교육A의 만족도 평가를 위해 시행한 설문조사와 성취도 테스트 결과 데이터를 엑셀 파일에 정리한다. 분석의 첫 단계로 교육내용, 강사, 교육환경에 대한 만족도 및 성취도 테스트 결과에 대한 평균, 표준편차, 최대값, 최소값 등 기본 정보를 살펴보고자 한다.

2) 목표 기준 대비 만족도 비교 - 단일표본 t검정

교육A에 대한 학습자 만족도 평가는 교육내용, 강사, 교육환경의 세 영역에 대해 설문조사 형식으로 실시하고, 모든 영역에 대해 그동안 진행된 프로그램들의 만족도 평균인 5점 만점 기준 4.5점을 달성하는 것으로 기획 단계에서 설정한 바 있다. 따라서 교육 종료 후 참석자 설문을 통해 만족도 데이터를 수집한 후 미리 설정했던 목표인 4.5점을 달성하였는지 분석하고자 한다.

📊 통계 개념. 단일표본 t검정

단일표본 t검정은 수집한 표본 데이터의 종속변수 평균이 이론적·경험적 배경을 토대로 설정된 특정 기준과 차이가 있는지 없는지를 분석하는 것이다(성태제, 2019). 이때의 영가설은 표본 데이터의 평균이 설정한 기준과 같다는 것이고, 대립가설은 표본 데이터의 평균이 이 기준과 같지 않다는 것이다. 본 사례에서 교육A 종료 후 만족도 점수 평균이 기준으로 제시한 4.5점보다 낮고 단일표본 t검정 결과 영가설이 기각된다면, 교육A의 만족도 평균은 벤치마크로 설정된 4.5와 통계적으로 유의미하게 차이가 있어(4.5보다 낮아) 목표를 달성하지 못했다고 결론을 내릴 수 있다.

3) 교육 전후 성취도 비교 - 대응표본 t검정

교육A를 통해 학습자들이 내용 습득에 있어 의미 있는 성취를 이루었는지에 대한 분석을 계획하였다. 교육을 통해 바람직한 변화가 일어나지 않는다면 교육의 효과성, 나아가 시간과 비용 투자의 효용을 의심할 수밖에 없기 때문이다. 따라서 교육 시행 전과 종료 직후 100점 만점 기준의 모의 TOEIC 테스트를 시행하여 전후의 평가 점수, 즉 영어 능력에 의미 있는 차이가 발생하였는지 분석하고자 한다.

> 📊 **통계 개념. 대응표본 t검정**
>
> 대응표본 t검정은 동일한 표본집단에서 사전-사후검사를 시행한 경우와 같이 짝지어진 데이터 사이의 평균 차이를 검정하기 위해 사용하는 통계 분석 방법이다. 이때의 영가설은 쌍으로 이루어진 두 검사의 점수 평균에 차이가 없다는 것이고, 대립가설은 차이가 있다는 것이다. 본 사례에서 사후 점수가 사전 점수보다 높고 대응표본 t검정 결과 영가설이 기각된다면, 대립가설이 채택되어 (사후 점수와 사전 점수 간 유의미한 차이가 있어) 교육A 시행은 영어 능력 향상에 효과적이었다고 볼 수 있게 된다.

4) 교육 방법 효과 비교 - 독립표본 t검정

교육A는 학습자 선호 고려, 새로운 교육 방법 테스트 등을 위해 강의실 수업 중심의 교육과 플립러닝이라는 두 가지 방식으로 설계되어 시행되었다. 이에 따라 200명의 학습자 중 절반은 온전히 강의실에서만 시행된 교육에 참여하였고, 나머지 절반은 온라인과 강의실 학습이 결합된 플립러닝 형태의 교육에 참여하였다. 따라서 교육 종료 후 각 집단에 속한 학습자들의 평가 점수를 토대로 두 교육 방법의 효과성을 비교하고자 한다. 물론 정확한 교육 효과 비교를 위해서는 교육 시행 전 두 집단의 수준이 동일한지에 대한 확인이 선행되어야 할 것이다.

> 📊 **통계 개념. 독립표본 t검정**
>
> 독립표본 t검정은 수집한 두 표본 데이터가 독립적일 때(두 표본의 모집단이 다를 때), 그 두 표본 간 종속변수의 평균 차이를 검정하기 위해 사용하는 통계 분석 방법이다(성태제, 2019). 단, 독립표본 t검정을 위해서는 두 표본의 모집단이 정규분포 및 등분산성의 가정을 충족해야 하며, 따라

서 이를 먼저 확인한 후 두 집단의 평균에 대한 검정을 진행해야 한다. 본 사례에서 (정규분포와 등분산성 가정 확인 후) 플립러닝 학습자들의 점수가 강의실 수업 학습자들의 점수 평균보다 높고 독립표본 t검정 결과 영가설이 기각된다면, 대립가설이 채택되어 플립러닝 형태의 수업이 강의실 수업보다 영어 능력 향상에 효과적이었다고 할 수 있다. 물론 반대의 결과나 두 집단 간 차이가 없는 결과가 나올 수도 있고 이는 분석을 통해 판단될 것이다.

❷ 통계를 활용한 분석

분석을 위해 학습자별 설문조사와 테스트 결과를 엑셀 파일에서 정리한 후 <Ch.5. Evaluation>로 저장한다. 준비된 데이터 세트의 각 변수명과 내용은 다음과 같다.

<Ch.5. Evaluation>
열1 (ID). 학습자 일련번호
열2 (method). 교육 방법(Class, Flip)
열3 (content). 교육내용 만족도
열4 (instructor). 강사 만족도
열5 (environment). 교육환경 만족도
열6 (pretest). 사전평가 점수
열7 (posttest). 사후평가 점수

이어서 jamovi에서 <Ch.5. Evaluation> 파일을 ≡ ▶ Open ▶ This PC ▶ Browse의 순서로 불러온 후, 분석에 앞서 「Data」 탭의 Setup 버튼을 클릭하여 데이터 척도를 지정한다. 여기에서는 ID는 ID로, method(교육방법)는 명목(Nominal) 척도, 영역별 만족도와 평가 점수는 연속(Continuous) 척도로 지정한다.

1) 기본 정보 분석 - 기술통계

교육A의 교육내용, 강사, 교육환경에 대한 만족도 및 학습 성취도 테스트 결과에 대한 평균, 표준편차, 최대값, 최소값, 왜도, 첨도 등 기본 정보를 살펴보기 위한 절차는 다음과 같다.

1. 「Analyses」 탭의 메뉴 중 Exploration ▶ Descriptives 클릭
2. Descriptives 화면의 좌측 변수리스트 박스에서 content(교육내용), instructor(강사), environment(교육환경), pretest(사전평가), posttest(사후평가) 변수를 선택한 후 화살표 버튼을 이용하여 우측 Variables 박스로 이동
3. 하단의 'Statistics' 기능에서 디폴트로 체크된 N(사례수), Missing(결측치), Mean(평균), Median(중위수), Std. deviation(표준편차), Minimum(최소값), Maximum(최대값)에 더해 Skewness(왜도), Kurtosis(첨도) 추가 체크 – 표준편차, 왜도, 첨도 값을 통해 데이터의 정규분포 여부 확인

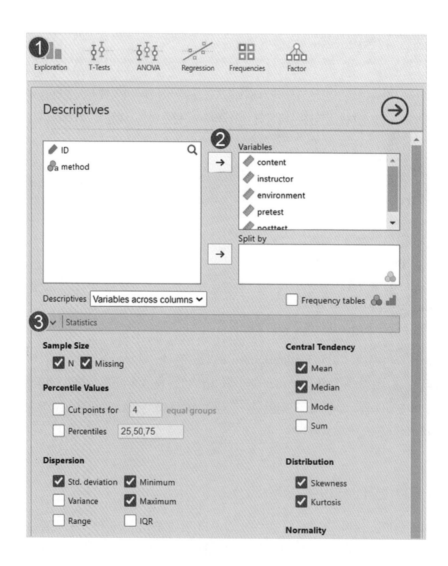

변수들을 선택하여 Variables 박스로 이동함과 동시에 이들에 대한 기초 정보가 결과 영역에 제시된다. 이를 통해 교육A의 교육환경에 대한 만족도가 평균 4.53으로 교육내용(4.22)이나 강사(4.46)에 대한 만족도보다 높게 나타난 것을 알 수 있다.

또한, 사전평가 점수 평균은 78.8점이고 최하 점수는 56점, 최고 점수는 93점인 데 반해, 사후평가 점수 평균은 84.6점, 최하 점수 52점, 최고 점수 97점으로, 사후평가에서 더 낮은 점수를 받은 사람이 있기는 하나 전반적으로 교육 전과 후에 점수 향상(학업 성취)이 있었음을 확인할 수 있다.

한편, 기술통계에 이어 모수에 대한 추론통계인 t검정을 수행해야 하므로 데이터의 정규성 가정을 검토할 필요가 있다. 이를 위해 변수들의 왜도와 첨도 값을 확인한 결과 모두 왜도의 절대값 기준인 3, 첨도의 절대값 기준인 10을 넘지 않아 데이터 분포의 정규성에는 이상이 없는 것으로 확인되었다.

Descriptives

	content	instructor	environment	pretest	posttest
N	200	200	200	200	200
Missing	0	0	0	0	0
Mean	4.22	4.46	4.53	78.8	84.6
Median	4.00	4.00	5.00	81.0	85.5
Standard deviation	0.659	0.539	0.633	7.56	6.77
Minimum	2	3	3	56	52
Maximum	5	5	5	93	97
Skewness	−0.695	−0.249	−1.01	−0.786	−2.04
Std. error skewness	0.172	0.172	0.172	0.172	0.172
Kurtosis	1.16	−1.14	−0.0472	0.0169	6.44
Std. error kurtosis	0.342	0.342	0.342	0.342	0.342

이어서 강의실 수업(Class) 방식과 플립러닝(Flip) 방식의 교육 방법을 분리해서 각각의 결과를 살펴보기 위한 절차는 다음과 같다.

4. 좌측 변수리스트 박스에서 method(교육 방법) 변수를 선택한 후 화살표 버튼을 이용하여 우측 Split by 박스로 이동 − 이 경우 기존에 체크된 사항은 그대로 적용되어 결과가 제시됨

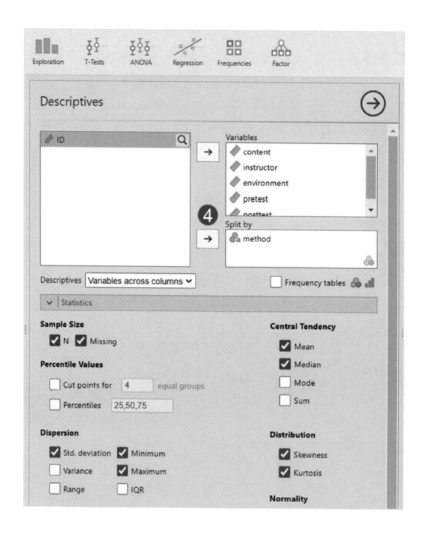

제시된 결과의 평균 점수를 통해 강사에 대해서는 강의실 수업이, 교육환경에 대해서는 플립러닝이 다소 높게 나타나고, 교육내용에 대해서는 동일한 만족 수준을 보이는 것을 알 수 있다.

또한, 사전평가와 사후평가 평균 모두 플립러닝이 강의실 수업보다 근소하게 높지만, 교육 전후 점수 향상(학업 성취) 측면에서는 큰 차별성이 없었음을 직관적으로 확인할 수 있다. 하지만 이는 잠정적인 것으로 단순히 기술통계 결과만으로 판단할 수는 없고, 이어질 t검정의 결과를 토대로 의미 있는 차이가 있었는지에 대한 최종 판단을 내려야 한다.

한편, 집단을 분리한 경우 집단별로 데이터의 정규성이 검토되어야 하는데, 각 집단의 왜도와 첨도 값 모두 정규성 가정을 충족하는 것으로 확인되었다.

Descriptives

	method	content	instructor	environment	pretest	posttest
N	Class	100	100	100	100	100
	Flip	100	100	100	100	100
Missing	Class	0	0	0	0	0
	Flip	0	0	0	0	0
Mean	Class	4.22	4.51	4.51	78.5	84.1
	Flip	4.22	4.42	4.55	79.1	85.1
Median	Class	4.00	5.00	5.00	80.0	85.5
	Flip	4.00	4.00	5.00	81.5	85.5
Standard deviation	Class	0.645	0.502	0.659	7.30	7.42
	Flip	0.675	0.572	0.609	7.84	6.04
Minimum	Class	2	4	3	58	52
	Flip	2	3	3	56	62
Maximum	Class	5	5	5	91	97
	Flip	5	5	5	93	96
Skewness	Class	−0.470	−0.0406	−1.01	−0.737	−2.40
	Flip	−0.899	−0.341	−1.02	−0.851	−1.25
Std. error skewness	Class	0.241	0.241	0.241	0.241	0.241
	Flip	0.241	0.241	0.241	0.241	0.241
Kurtosis	Class	0.420	−2.04	−0.114	−0.0606	7.18
	Flip	1.87	−0.780	0.0342	0.141	3.31
Std. error kurtosis	Class	0.478	0.478	0.478	0.478	0.478
	Flip	0.478	0.478	0.478	0.478	0.478

2) 목표 기준 대비 만족도 비교 - 단일표본 t검정

교육A의 교육내용, 강사, 교육환경의 세 영역에 대한 학습자들의 만족도 조사 결과 최초 목표로 설정한 벤치마크인 5점 만점 기준 4.5점을 달성하였는지 분석하기 위한 절차는 다음과 같다.

1. 「Analyses」 탭의 메뉴 중 T-Tests ▶ One Sample T-Test 클릭
2. One Sample T-Test 화면의 좌측 변수리스트 박스에서 content(교육내용), instructor (강사), environment(교육환경) 변수를 선택한 후 화살표 버튼을 이용하여 우측

Dependent Variables 박스로 이동

3. 하단의 Tests 항목에서 t검정 방식인 Student's 체크 및 Hypothesis(가설) 항목의 Test value(검정 값)를 달성하고자 한 목표인 4.5로 설정 – 조사 결과치가 목표치보다 높거나 낮을 가능성이 모두 있으므로 크다(>) 또는 작다(<)의 단측 검정보다 같은지 여부(≠)를 살피는 양측 검정 선택

4. Additional Statistics 항목에서 Mean difference(평균 차이) 체크

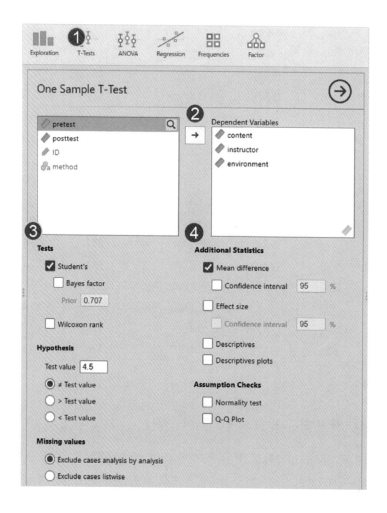

분석 결과 교육내용과 강사에 대한 만족도는 평균 차이가 각각 마이너스로 목표인 4.5보다 다소 낮고 교육환경 만족도는 목표보다 다소 높은데, 이는 앞서 기술통계에서 구한 평균값들과의 단순 연산으로도 쉽게 알 수 있는 내용이다.

여기서 중요한 것은 이들 평균의 차이(−0.280, −0.035, 0.030)가 통계적으로 의미가 있느

냐인데, 이를 판단하기 위해서는 p로 표시된 유의확률(probability)을 살펴봐야 한다. 여기서는 교육내용 만족도 평균이 벤치마크인 4.5점과 같을(영가설) 확률이 매우 낮아(p<.001) 의미 있는 차이라고 볼 수 있지만, 강사와 교육환경의 경우 유의확률이 각각 .359와 .504로 영가설 채택 범위에 있으므로 통계적으로 의미 있는 차이라고 볼 수 없다.

종합하면, 교육내용에 대한 만족도 측면에서는 유의미한 차이로 기준에 못 미치는 결과를 얻어 목표 달성에 실패했지만, 강사와 교육환경 측면에서는 (기술통계 수치상 미세한 차이는 있지만) 기준치인 4.5와 통계적으로 유의미한 차이가 없으므로 목표에 근접했다고 평가할 수 있을 것이다.

One Sample T-Test

		statistic	df	p	Mean difference
content	Student's t	−6.012	199	<.001	−0.2800
instructor	Student's t	−0.919	199	0.359	−0.0350
environment	Student's t	0.670	199	0.504	0.0300

Note. H_a population mean $\neq$ 4.5

📊 **통계 개념. 가설 검정과 확률**

추리통계는 'A와 B가 같을 것이다' 또는 '차이가 없을 것이다'와 같은 영가설(null hypothesis)을 설정한 후 이를 채택할 수 있을지를 정규분포의 95%, 99%, 99.9% 등의 신뢰구간 범위 내에서 확인하는 방법으로 수행한다. 보통 '크다/작다' 형식의 단측 검정이 아닌 '같지 않다' 형식의 양측 검정을 적용하며, t검정의 경우 t 값이 이 범위를 양측으로 벗어나는 5%, 1% 또는 0.1% 이하에 있을 때 영가설을 기각하고 대립가설을 채택한다. 다시 말해, 'A와 B가 같지 않을 것이다' 또는 '차이가 있을 것이다'와 같은 대립가설을 채택하게 되는 유의확률의 기준은 5%, 1% 또는 0.1% 등으로 설정하며, 이때 '대립가설이 유의수준 .05, .01 또는 .001에서 통계적으로 유의(미)하다'라고 표현한다.

3) 교육 전후 성취도 비교 - 대응표본 t검정

교육 전후의 평가 점수 비교를 통해 교육A가 의도한 효과를 달성했는지, 다시 말해, 참가자들에게 영어 능력 향상이라는 의미 있는 학습 성취가 있었는지 분석하기 위한 절차는 다음과 같다.

1. 「Analyses」 탭의 메뉴 중 T-Tests ▶ Paired Samples T-Test 클릭
2. Paired Samples T-Test 화면의 좌측 변수리스트 박스에서 pretest(사전평가)와 posttest(사후평가) 변수를 선택한 후 화살표 버튼을 이용하여 우측 Paired Variables 박스로 이동
3. 하단의 Tests 항목에서 t검정 방식인 Student's 체크 및 Hypothesis(가설) 항목에서 Measure 1 ≠ Measure 2 체크 – 사후평가 점수가 반드시 사전평가보다 높지는 않을 수 있으므로 크다 (>) 또는 작다(<)의 단측 검정보다 같은지 여부(≠)를 살피는 양측 검정 선택
4. Additional Statistics 항목에서 Mean difference(평균 차이) 및 Effect size(효과 크기) 체크 – Descriptives 명령을 추가로 체크하면 (앞서 기술통계에서 이미 살펴보았으나) 사전, 사후 점수의 평균과 표준편차 등을 쉽게 확인할 수 있음

분석 결과 교육A 참여자 200명의 사전평가와 사후평가 점수의 평균 차이는 -5.83점으로 사후평가가 사전평가에 비해 다소 높음을 알 수 있다. 이는 앞서 기술통계에서 구한 평균값들의 단순 연산으로도 쉽게 알 수 있는 내용으로, 여기서 더 중요한 것은 이 차이가 통계적으로 의미가 있는 것이냐이다.

대응표본 t검정 결과 사전평가와 사후평가의 점수가 같을 것이라는 영가설 채택 가능성이 매우 낮아($p < .001$) 대립가설을 채택해야 하고, 이는 사후평가 점수가 사전평가에 비해 통계적으로 유의미하게 향상되었다고 해석할 수 있다.

Paired Samples T-Test

			statistic	df	p	Mean difference	SE difference	Cohen's d
pretest	posttest	Student's t	-12.3	199	<.001	-5.83	0.475	-0.869

또한, 교육A 이후 통계적으로 유의하게 향상된 5.83점이라는 점수에 대한 효과 크기를 분석한 결과 Cohen's d 값이 -0.869로 나타났다. 이는 큰 효과를 가지는 것으로 해석되는데, 다시 말해 교육A가 실질적으로 상당한 수준의 점수 향상을 가져온 효과적인 교육이었음을 의미한다.

> 📊 **통계 개념. 효과크기와 Cohen's d**
>
> 비교 분석에 있어 통계적 유의성(statistical significance)은 차이가 우연이 아닌 체계적인 메커니즘에 의해 일관되게 나타남을 의미하고, 실질적 중요성(practical significance)은 그 차이가 실제로 내포하는 유익성을 의미한다. 위 사례와 같이 t검정에서 교육A의 실질적 중요성, 즉 효과 크기를 확인하기 위해 평균들 간의 표준화된 차이인 Cohen's d를 활용하며, 통상 d의 절대값이 0.2 이하이면 약한 효과, 0.5 내외이면 중간 효과, 0.8 이상이면 강한 효과, 1.2 이상이면 매우 강한 효과로 해석한다.

4) 교육 방법 효과 비교 - 독립표본 t검정

교육A는 강의실 수업 중심 교육과 플립러닝의 두 가지로 시행되었는데 둘 중 어느 방법이 더 효과적이었는지 살펴보기 위해서는 단계적 분석이 필요하다. 먼저, 학습자들의 교육 전 수준(사전평가 점수)이 집단별(교육 방법별)로 차이가 없었는지 살펴봐야 한다. 교육 전에 이미 두 집단의 수준이 달랐다면 교육 방법의 효과를 정확히 비교하기 어렵다. 다음으로, 교육 전 수준에 차이가 없었다면 교육 종료 후 집단별 학습자들의 성취(사후평가 점수)에 의미 있는 차이가 있었는지 분석해야 한다.

■ 교육 전 집단 동질성 비교

단계별 분석의 첫 단계로 교육 전 두 집단의 영어 수준에 대한 동질성 여부를 비교해야 하며, 이를 위한 절차는 다음과 같다.

1. 「Analyses」 탭의 메뉴 중 T-Tests ▶ Independent Samples T-Test 클릭
2. Independent Samples T-Test 화면의 좌측 변수리스트 박스에서 pretest(사전평가) 변수를 우측 Dependent Variables 박스로, method(교육방법) 변수를 우측 Grouping Variable 박스로 이동

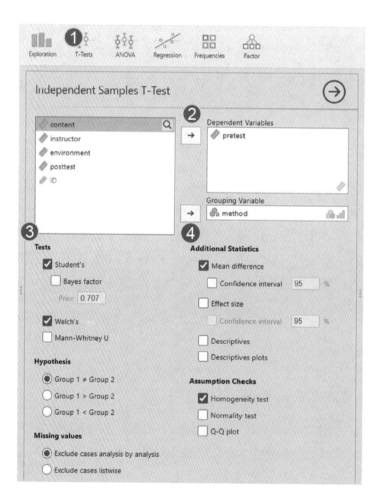

3. 하단의 Tests 항목에서 t검정 방식인 Student's와 Welch's 모두 체크 및 Hypothesis(가설) 항목에서 Group 1 ≠ Group 2 체크 – 두 집단의 동질성 여부를 살펴보기 위한 것이므로 크다(>) 또는 작다(<)의 단측 검정보다 같은지 여부(≠)를 살피는 양측 검정 선택
4. Additional Statistics 항목에서 Mean difference(평균 차이) 체크 및 Assumption Checks 항목에서 Homogeneity test(등분산성 검정) 체크

결과 영역에 독립표본 t검정과 등분산성 가정을 검정하는 Levene's 테스트 결과가 각각 제시된다. 먼저 등분산성 검정 결과 F=.291, p=.590으로 두 집단의 분산은 유의한 차이가 없는 (등분산인) 것으로 확인되었다.

이어서 독립표본 t검정 결과 집단(강의식 수업, 플립러닝) 간 사전평가 점수 평균에 산술적인 차이(−0.560점)는 있으나, 유의확률(p)이 .602이므로 이 두 점수 간에 통계적으로 의미 있는 차이가 있었다고 보기는 힘들다. 다시 말해, 두 집단에 속한 학습자들의 교육 시작 전 영어 능력에는 차이가 없었음을 알 수 있다.

Independent Samples T-Test

		statistic	df	p	Mean difference	SE difference
pretest	Student's t	−0.523	198	0.602	−0.560	1.07
	Welch's t	−0.523	197	0.602	−0.560	1.07

Homogeneity of Variances Test (Levene's)

	F	df	df2	p
pretest	0.291	1	198	0.590

Note. A low p−value suggests a violation of the assumption of equal variances

🖉 Tips

여기서는 독립표본 t검정을 위해 Student's와 Welch's의 두 가지 방법을 체크하여 분석하였고, 등분산성 가정이 충족되었으므로 (두 방법이 자유도 외에는 결과가 동일하였지만) Student's 분석 결과를 활용하였다. 만약 Levene's 테스트 결과 등분산성 가정이 충족되지 않으면 Welch's 분석 결과를 활용해야 한다(설현수, 2019).

■ 교육 후 집단 성취도 비교

교육 전 두 집단의 수준에 차이가 없었다는 것을 확인했으므로, 이어서 강의실 수업(Class) 방식과 플립러닝(Flip) 방식에 참여한 학습자들의 교육 후 학습 성취(사후평가 점수)를 비교하고자 하며, 이를 위한 절차는 다음과 같다.

5. Independent Samples T-Test 화면의 좌측 변수리스트 박스에서 posttest 변수를 선택하여 우측 Dependent Variables 박스로(pretest 변수는 다시 좌측 변수리스트 박스로 이동), method 변수를 선택하여 우측 Grouping Variable 박스로 이동
6. 하단의 Tests 항목에서 t검정 방식인 Student's와 Welch's 모두 체크 및 Hypothesis(가설) 항목에서 Group 1 ≠ Group 2 체크
7. Additional Statistics 항목에서 Mean difference(평균 차이) 체크 및 Assumption Checks 항목에서 Homogeneity test(등분산성 검정) 체크

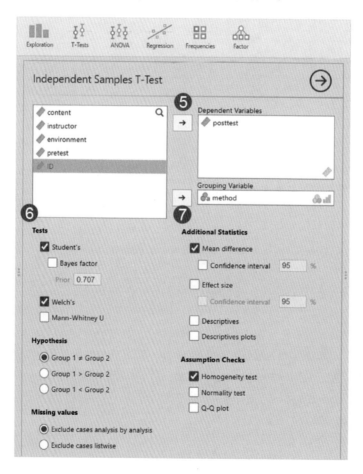

결과 영역에 독립표본 t검정과 등분산성 가정을 검정하는 Levene's 테스트 결과가 각각 제시되는데, 등분산성 검정 결과 F = .382, p = .537로 두 집단의 분산은 유의한 차이가 없는(등분산인) 것으로 확인되었다.

이어서 독립표본 t검정 결과 집단(강의식 수업, 플립러닝) 간 사후평가 점수 평균에 산술적인 차이(−0.950점)는 있으나, 유의확률(p)이 .322이므로 이 두 점수 간에 통계적으로 의미 있는 차이가 있다고 보기는 힘들다. 다시 말해, 두 방법은 교육 효과 측면에서 유의한 차이가 없었다고 판단할 수 있다. 또한, 두 집단 사이의 차이가 유의미하지 않았으므로 효과 크기는 분석할 필요가 없게 되었다.

Independent Samples T-Test

		statistic	df	p	Mean difference	SE difference
posttest	Student's t	−0.993	198	0.322	−0.950	0.957
	Welch's t	−0.993	190	0.322	−0.950	0.957

Homogeneity of Variances Test (Levene's)

	F	df	df2	p
posttest	0.382	1	198	0.537

Note. A low p−value suggests a violation of the assumption of equal variances

✏ Tips

여기서는 결측치를 다루는 Missing values 항목을 다루지 않았으나, 만약 데이터 세트에 결측치가 있다면 이를 적절히 조치하여 분석을 시행해야 한다. 조치를 위한 한 가지 방법은 결측치를 분석에서 제외하는 것인데, 구체적으로 jamovi에서는 Exclude cases analysis by analysis 또는 pairwise (분석별 또는 대응별 삭제법)과 Exclude cases listwise(목록별 삭제법) 기능을 선택할 수 있다. 분석별(대응별) 삭제법은 특정 변수에 결측치가 있을 때 해당 결측치만 제외하고 분석하는 방법이고, 목록별 삭제법은 특정 변수에서 결측치가 발견되었다면 결측치가 있는 해당 사례(케이스)의 다른 변수에 대한 응답 값들까지 모두 분석에서 제외하는 방법이다. 즉, 분석별(대응별) 삭제법은 결측치가 존재하는 경우 그 결측치만을 분석에서 제외하고 해당 사례의 다른 변수들의 응답 값들을 최대한 분석에 포함함으로써 정보 손실을 줄일 수 있는 반면, 목록별 삭제법은 결측치가 어떤 한 변수에라도 존재한다면 그 사례 자체를 완전히 분석에서 제외함으로써 정보 손실은 크나 모든 분석에서 동일 사례들이 분석되기 때문에 더 정확한 비교가 가능하다는 장점이 있다.

더 알아보기

이번 장에서 살펴본 t검정은 엑셀의 연산이나 통계 관련 함수 기능 또는 **데이터 분석 도구**를 통해서도 가능한데, 여기에서는 <Ch.5. Evaluation> 데이터 세트에 대해 **데이터 분석 도구**를 활용하여 t검정을 하는 방법을 소개한다.

■ 대응표본 t검정

교육 전후의 평가 점수 비교를 위해 pretest와 posttest 변수에 대해 대응표본 t검정을 시행하는 방법은 다음과 같다.

1. 「**데이터**」 탭에서 추가기능으로 설치한 **데이터 분석** 도구 클릭(추가기능 설치 방법은 본서 1장 참고)
2. 팝업된 **통계 데이터 분석** 대화상자에서 't검정: 쌍체비교' 선택

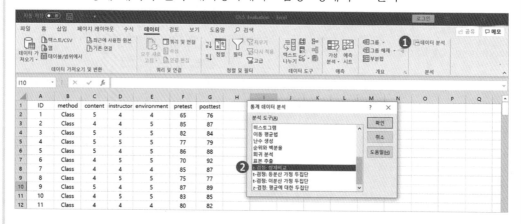

3. 이어서 팝업된 't검정: 쌍체비교' 대화상자에서 입력 범위 지정, 나머지는 엑셀의 기본 설정 유지(분석 대상 변수인 pretest는 F컬럼, posttest는 G컬럼임)
- 변수1 입력 범위(1): 분석하고자 하는 pretest 변수의 자료 영역 전체 마우스 드래그 ($F$2:$F$201)
- 변수2 입력 범위(2): 분석하고자 하는 posttest 변수의 자료 영역 전체 마우스 드래그 ($G$2:$G$201)

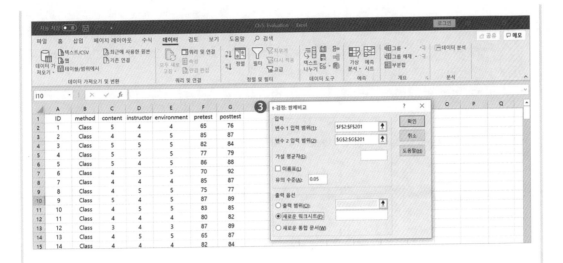

위 순서로 진행하면 다음과 같이 분석 결과가 제시된다. jamovi로 분석한 결과와 동일하게 t = −12.29, p<.001로 두 평가 점수 사이에는 통계적으로 유의미한 차이가 있음을 알 수 있다.

	변수 1	변수 2
평균	78.78	84.615
분산	57.09708543	45.76560302
관측수	200	200
피어슨 상관 계수	0.565252817	
가설 평균차	0	
자유도	199	
t 통계량	−12.29127535	
P(T<=t) 단측 검정	1.66885E−26	
t 기각치 단측 검정	1.652546746	
P(T<=t) 양측 검정	3.3377E−26[1]	
t 기각치 양측 검정	1.971956544	

1) 엑셀의 3.3377E−26을 숫자로 나타내면 소수점 26번째 자리에서부터 숫자가 시작되는
   0.0000000000000000000000000033377이며 jamovi에서 확인된 p<.001을 뒷받침한다.

■ 독립표본 t검정

강의실 수업과 플립러닝 중 어느 방법이 더 효과적이었는지 살펴보기 위한 독립표본 t검

정을 시행하는 방법은 다음과 같다. 앞서 살펴본 바와 같이, 이들 두 집단의 교육 전 수준에 차이가 없었는지를 먼저 분석한 후, 교육 종료 후 집단별 학습자들의 성취에 차이가 있는지를 살피는 두 단계의 분석을 시행해야 한다.

먼저 두 집단의 교육 전 수준에 차이가 없었는지를 분석하는 방법은 다음과 같다.

1. 데이터 세트에서 두 집단의 구분이 되는 method(교육 방법) 변수를 오름차순(또는 내림차순)으로 정렬

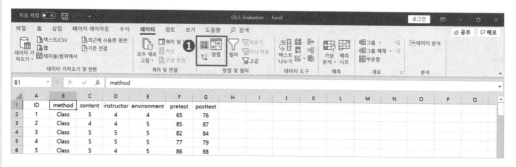

2. 데이터 분석 도구 클릭
3. 팝업된 **통계 데이터 분석** 대화상자에서 't검정: 등분산 가정 두집단' 선택

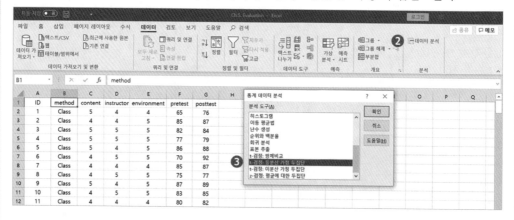

4. 이어서 팝업된 't검정: 등분산 가정 두집단' 대화상자에서 입력 범위 지정, 나머지는 엑셀의 기본설정 유지(분석 대상 변수인 pretest는 F컬럼)
• 변수1 입력 범위(1): 분석하고자 하는 pretest 변수 중 Class(강의실 수업)에 해당하는 자료 영역 전체 마우스 드래그($F$2:$F$101)
• 변수2 입력 범위(2): 분석하고자 하는 pretest 변수 중 Flip(플립러닝)에 해당하는 자

료 영역 전체 마우스 드래그($F$102:$F$201)

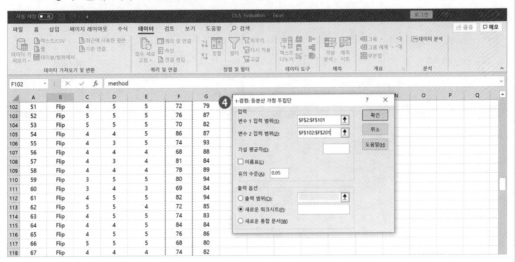

위 순서로 진행하면 다음과 같이 분석 결과가 제시된다. jamovi로 분석한 결과와 동일하게 t＝ -.523, p＝.602로 두 집단의 사전 평가 점수에는 유의미한 차이가 존재하지 않았음을 알 수 있다.

	변수 1	변수 2
평균	78.5	79.06
분산	53.22222222	61.39030303
관측수	100	100
공동(Pooled) 분산	57.30626263	
가설 평균차	0	
자유도	198	
t 통계량	-0.523084663	
P(T〈=t) 단측 검정	0.300750106	
t 기각치 단측 검정	1.652585784	
P(T〈=t) 양측 검정	0.601500212	
t 기각치 양측 검정	1.972017478	

두 집단의 교육 전 동질성이 확인되었으므로, 다음 단계로 교육 종료 후 집단별 학습자들의 성취에 차이가 있는지를 분석해야 하며, 이를 위한 절차는 다음과 같다.

5. 다시 't검정: 등분산 가정 두집단'을 선택한 후 대화상자에서 입력 범위 지정, 나머지

는 엑셀의 기본설정 유지(관심의 대상이 되는 변수는 posttest로 G컬럼)

- 변수1입력 범위(1): 분석하고자 하는 변수 및 자료 영역 전체 마우스 드래그 ($G$2:$G$101)
- 변수2입력 범위(2): 분석하고자 하는 변수 및 자료 영역 전체 마우스 드래그 ($G$102:$G$201)

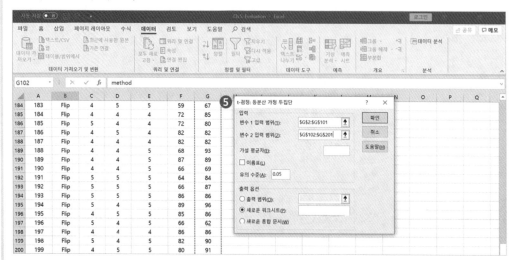

위의 순서로 진행하면 다음과 같이 분석 결과가 제시된다. jamovi로 분석한 결과와 동일하게 t = − .993, p = .322로 두 집단의 사후 평가 점수에는 유의미한 차이가 존재하지 않았음을 알 수 있다.

	변수 1	변수 2
평균	84.14	85.09
분산	55.01051	36.52717
관측수	100	100
공동(Pooled) 분산	45.76884	
가설 평균차	0	
자유도	198	
t 통계량	−0.99294	
P(T<=t) 단측 검정	0.160975	
t 기각치 단측 검정	1.652586	
P(T<=t) 양측 검정	0.32195	
t 기각치 양측 검정	1.972017	

Chapter 6

여러 집단 간 평균 비교 - 분산분석

시나리오

공공기관B에서는 동부, 서부, 중부 지역 본부에 근무하는 구성원 150명을 대상으로 교육B를 계획하고 있다. 교육B는 조직 내 커뮤니케이션과 신뢰를 강화하기 위한 목적으로 외부 기관을 초빙하여 각종 활동 중심의 프로그램으로 운영할 예정이다.

종료 후에는 지역 본부에 따라 만족도에 차이가 있는지 살펴봄으로써 프로그램이 모든 구성원에게 고르게 공감대를 형성할 수 있었는지 분석하고자 한다. 나아가 참여자의 소속 지역 본부와 성별의 조합에 따라 만족도에 유의한 차이가 나타나는지, 다시 말해, 두 변수 간 의미 있는 상호작용이 있는지 살펴봄으로써 더욱 깊이 있는 이해를 도모할 것이다. 또한, 이 두 변수 외에 프로그램 만족도에 영향을 미칠 수 있는 제3의 변수를 고려한 추가 분석을 통해 결과에 대한 보다 명확한 해석을 시도하고자 한다.

본 장의 시나리오에 대한 분석을 위해 다음의 통계 방법을 활용한다.

- 기술통계
- 일원분산분석(One-Way Analysis of Variance. One-Way ANOVA)
- 이원분산분석(Two-Way Analysis of Variance. Two-Way ANOVA)
- 공분산분석(Analysis of Covariance. ANCOVA)

핵심 용어

- 사후분석(post-hoc analysis)
- 주 효과(main effect), 상호작용 효과(interaction effect)
- 공변수(covariate), 통제(control)
- 효과 크기(effect size), η^2 (에타제곱)

❶ 분석 목적과 방법

데이터 세트의 전반적인 현황 파악과 정규분포 여부 확인 등 심층 분석의 출발점으로서의 기술통계 분석, 세 집단 이상의 차이 분석을 위한 분산분석, 외재변수(extraneous variable)를 통제하며 분석하는 공분산분석에 대해 살펴본다.

1) 기본 정보 분석 - 기술통계

교육B의 평가를 위해 시행한 참여자 만족도 설문 데이터를 엑셀 파일에 정리한다. 만족도 평가는 학습내용, 활동방법의 두 영역에 대해 1점(매우 불만족)부터 10점(매우 만족) 사이에서 선택하도록 하는 설문조사를 실시하였다. 먼저 참여자 만족도와 관련한 전반적인 현황 파악을 위해 소속 및 성별에 따른 만족도 평균과 표준편차 등 기본 정보를 살펴보고자 한다.

2) 소속에 따른 만족도 차이 분석 - 일원분산분석

기술통계에서 확인된 소속 본부별 만족도의 산술적 차이가 통계적으로 의미 있는 체계적 차이인지 살펴볼 필요가 있다. 이를 위해 동부, 서부, 중부 지역 본부별 참여자 만족도에 유의한 차이가 있는지 분석하고자 한다. 성별에 따른 차이 분석이 앞서 살펴본 두 집단(남성, 여성) 간의 비교라면, 소속 본부에 따른 차이 분석은 세 집단(동부, 서부, 중부) 간의 비교이므로 이에 적합한 분석 방법을 활용할 계획이다.

또한, 만약 지역 본부별 차이가 확인된다면 어느 본부와 어느 본부 사이에 차이가 존재하는지도 추가로 살펴봐야 할 것이다. 즉, 세 개의 집단이 있으므로 '동부≠서부=중부', '동부=서부≠중부', '동부≠서부≠중부' 등의 경우가 존재하기 때문에 이를 명확히 확인할 필요가 있다.

> 📊 **통계 개념. 일원분산분석**
>
> 독립표본 t검정이 두 개의 집단 간 평균 차이를 비교하는 분석 방법이라면, 일원분산분석은 세 개 이상의 집단 간 평균 차이를 비교하기 위한 분석 방법이다. 일원분산분석의 독립변수는 계층, 인종, 학년, 직급 등 범주형 변수이고, 차이를 비교하게 되는 종속변수는 지능, 만족도, 학업성취도, 임금 등 연속형 변수여야 한다. 또한, 일원분산분석도 모수통계에 해당하므로 집단들의 모집단 분포는 정규분포 및 등분산성의 가정을 충족해야 한다. 이를 확인한 후 일원분산분석을 통해

집단들 간 통계적으로 유의미한 차이가 확인되었다면, '각 집단의 모집단 평균이 모두 같을 것이다'라는 영가설을 기각하고 '각 집단의 모집단 평균이 모두 같지는 않을 것이다'라는 대립가설을 채택하게 된다. 그런데 이 결과만으로는 비교 집단들 중 어떤 쌍에서 차이가 있는지 알 수 없으므로, 이를 확인하기 위해 사후분석(post-hoc analysis)을 수행해야 하며, 그 방법으로 Tukey, Scheffe, Bonferroni, Games-Howell 검정 등이 있다.

3) 소속 및 성별에 따른 만족도 차이 분석 - 이원분산분석

지역 본부별로 만족도에 차이가 있는지 살펴본 데 이어, 성별에 따른 차이도 있을 수 있어 이들 두 변수 모두에 대한 집단 간 차이를 살펴보고자 한다. 즉, 동부 본부 남과 여, 서부 본부 남과 여, 중부 본부 남과 여로 지역 본부와 성별의 두 변수를 조합한 집단들 간 만족도에 차이가 있는지를 살펴보는 것이다. 이러한 분석을 통해 각각의 변수별 영향뿐만 아니라 이들 사이의 상호작용 효과까지 포함하는 더욱 깊이 있는 이해가 가능할 것이다.

📊 통계 개념. 이원분산분석, 다원분산분석

이원분산분석은 일원분산분석과 기본 원리가 동일하지만 범주형 독립변수가 두 개일 때 적용할 수 있는 방법이다. 마찬가지로 세 개의 범주형 독립변수들에 대한 분산분석은 삼원분산분석이라 할 수 있지만, 보통 두 개 이상의 범주형 독립변수에 대한 연속형 종속변수에서의 차이 검정을 통칭하여 다원분산분석이라 한다. 이원분산분석은 위 사례와 같이 소속과 성별이라는 두 개의 범주형 독립변수로 만족도라는 연속형 종속변수에서의 평균 차이를 보기 위한 분석 방법이며, 일원분산분석과 마찬가지로 데이터의 정규분포와 등분산성을 전제로 한다. 또한, 이원분산분석은 두 독립변수 각각의 주 효과(main effect)뿐만 아니라 이들 사이의 상호작용 효과(interaction effect)도 검정한다는 특징이 있다.

4) 연령을 통제한 분석 - 공분산분석

한편, 소속 및 성별 외에도 프로그램 참여자들의 만족도에 영향을 미치는 다른 요소들이 있을 수 있어 이에 대해서도 검토해 보고자 한다. 주요 관심 변수가 아니더라도 영향력이 있을 법한 요소는 적절히 고려되어야 분석 결과의 타당성과 설명력을 높일 수 있을 것이기 때문이다. 여기서는 소속과 성별이 관심 독립변수이지만 참여자들의 나이도 프로그램 만족도에 영향을 미칠 수 있을 것으로 생각해 볼 수 있다. 따라서 참여자들의 연령을 통제한 상태에서 분산분석을 시행한다면 결과에 대한 해석이 더욱 명확해질 것이다.

📊 통계 개념. 공분산분석

공분산분석은 연속형 공변수(covariate)를 통제(control)한 상태에서 범주형 독립변수에 대한 연속형 종속변수의 차이를 검증하는 분석 방법이다. 즉, 범주형 독립변수와 연속형 종속변수 간의 관계에 영향을 미칠 수 있는 다른 연속형 변수의 공분산을 통제함으로써 독립변수와 종속변수 간의 고유한 관계를 규명할 수 있다. 위 사례에서처럼 소속 및 성별에 따른 집단 간 차이를 살펴볼 때 만족도에 영향을 미칠 수 있는 혼재변수인 연령의 공분산을 통제하고 분석을 수행한다면 결과 해석의 타당성이 더욱 높아질 것이다.

이러한 공분산분석의 작동 원리는 범주형과 연속형의 여러 독립변수들을 동시에 투입하여 연속형 종속변수에 대한 영향력을 분석하는 다중 선형회귀분석의 방법과 상당히 유사하다(김태성, 장지현, 백평구, 2019; 류성진, 2013).

---

❷ 통계를 활용한 분석

분석을 위해 학습자별 설문조사와 테스트 결과를 엑셀 파일에서 정리한 후 <Ch.6. Satisfaction>로 저장한다. 준비된 데이터 세트의 각 변수명과 내용은 다음과 같다.

<Ch.6. Satisfaction>
열1 (ID). 학습자 넘버
열2 (region). 소속(동부, 서부, 중부 지역 본부)
열3 (gender). 성별(남=M, 여=F)
열4 (age). 연령
열5 (content). 학습내용 만족도
열6 (activity). 활동방법 만족도

이어서 jamovi에서 <Ch.6. Satisfaction> 파일을 ≡ ▶ Open ▶ This PC ▶ Browse의 순서로 불러온 후, 분석에 앞서 「Data」 탭의 Setup 버튼을 클릭하여 데이터 척도를 지정한다. 여기에서는 ID는 ID로, 소속(region)과 성별(gender)은 명목(Nominal) 척도, 연령(age) 및 학습내용(content)과 활동방법(activity)에 대한 만족도 점수는 연속(Continuous) 척도로 지정한다.

1) 기본 정보 분석 - 기술통계

교육B의 만족도 조사 결과에 대한 평균과 표준편차 등 기본 정보를 살펴보기 위한 절차는 다음과 같다.

1. 「Analyses」 탭의 메뉴 중 Exploration ▶ Descriptives 클릭

2. Descriptives 화면 좌측의 변수리스트 박스에서 content(학습내용 만족도)와 activity(활동방법 만족도) 변수를 선택한 후 우측 Variables 박스로 이동
3. 하단의 'Statistics' 기능에서 디폴트로 체크된 N(사례수), Missing(결측치), Mean(평균), Std. deviation(표준편차)에 더해 Skewness(왜도), Kurtosis(첨도) 추가 체크 – 설문 특성상 분석에 큰 의미를 갖지 않는 Median(중위수), Minimum(최소값), Maximum(최대값) 체크 해제

결과 영역에 제시되는 통계값을 통해 교육B의 만족도 조사에 참여한 인원은 150명이고 결측값은 없으며, 학습내용에 대한 만족도는 평균 6.93 (SD=1.36), 활동방법에 대한 만족도는 평균 6.99 (SD=1.34)임을 확인할 수 있다. 또한, 두 변수의 왜도와 첨도값이 모두 0에 근접하여 정규분포 가정을 충족함을 확인할 수 있다.

Descriptives

	content	activity
N	150	150
Missing	0	0
Mean	6.93	6.99
Standard deviation	1.36	1.34
Skewness	−0.189	−0.112
Std. error skewness	0.198	0.198
Kurtosis	0.0286	0.148
Std. error kurtosis	0.394	0.394

이어서 성별과 소속에 따른 기술통계값을 살펴보기 위한 절차는 다음과 같다.

4. 좌측의 변수리스트 박스에서 gender(성별) 변수를 선택한 후 우측 Split by 박스로 이동
5. 하단의 'Statistics' 기능에서 앞서 선택한 사항 그대로 유지되어 있는지 확인
※ 성별에 따른 분석 완료 후 Split by 박스에 region(소속) 변수 교체 투입

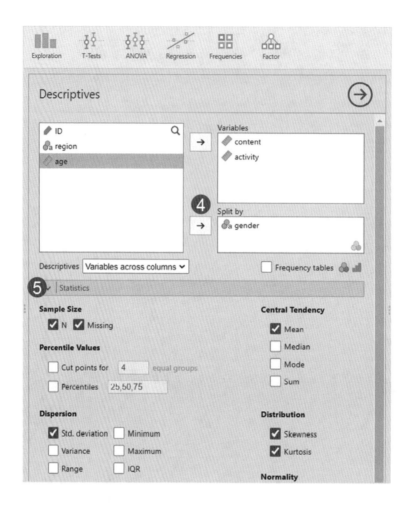

　　성별에 따른 분석 결과 교육내용과 활동방법 만족도에서 모두 남성(M=6.99, 7.04)이 여성 (M=6.86, 6.93)보다 다소 높게 나타났다. 소속에 따른 분석에서는 교육내용 만족도는 중부 지역 본부에서 7.28로 가장 높고 서부 지역 본부에서 6.64로 가장 낮았던 반면, 활동방법 만족 도는 서부에서 7.42로 가장 높고 중부에서 6.57로 가장 낮게 나타난 것을 알 수 있다. 또한, 집단별 왜도와 첨도에 대한 검토 결과 정규성에 문제가 없는 것으로 판단되었다.

Descriptives

	gender	content	activity
N	F	74	74
	M	76	76
Missing	F	0	0
	M	0	0
Mean	F	6.86	6.93
	M	6.99	7.04
Standard deviation	F	1.40	1.37
	M	1.33	1.31
Skewness	F	−0.247	−0.238
	M	−0.115	0.0349
Std. error skewness	F	0.279	0.279
	M	0.276	0.276
Kurtosis	F	0.169	0.291
	M	−0.0926	0.0208
Std. error kurtosis	F	0.552	0.552
	M	0.545	0.545

Descriptives

	region	content	activity
N	동부	53	53
	서부	50	50
	중부	47	47
Missing	동부	0	0
	서부	0	0
	중부	0	0
Mean	동부	6.89	6.94
	서부	6.64	7.42
	중부	7.28	6.57
Standard deviation	동부	1.22	1.22
	서부	1.52	1.13
	중부	1.28	1.54
Skewness	동부	−0.173	0.112
	서부	−0.187	0.431
	중부	0.0372	−0.0903
Std. error skewness	동부	0.327	0.327
	서부	0.337	0.337
	중부	0.347	0.347
Kurtosis	동부	−0.673	−0.514
	서부	−0.00315	−0.228
	중부	0.152	−0.0204
Std. error kurtosis	동부	0.644	0.644
	서부	0.662	0.662
	중부	0.681	0.681

2) 소속에 따른 만족도 차이 분석 - 일원분산분석

소속을 기준으로 동부, 서부, 중부 지역 본부로 구분된 세 집단 사이의 만족도 비교를 위해 일원분산분석을 실시할 수 있으며, 분석을 위한 절차는 다음과 같다.

1. 「Analyses」 탭의 메뉴 중 ANOVA ▶ One-Way ANOVA 클릭
2. One-Way ANOVA 화면 좌측의 변수리스트 박스에서 content와 activity 변수를 선택하여 우측 Dependent Variables 박스로, region 변수를 선택하여 우측 Grouping Variable 박스로 이동
3. 하단의 Variances 항목에서 일원분산분석 방식인 Welch's 및 Fisher's 체크, Additional Statistics 항목에서 Descriptives table, Assumption Checks 항목에서 Homogeneity test 체크

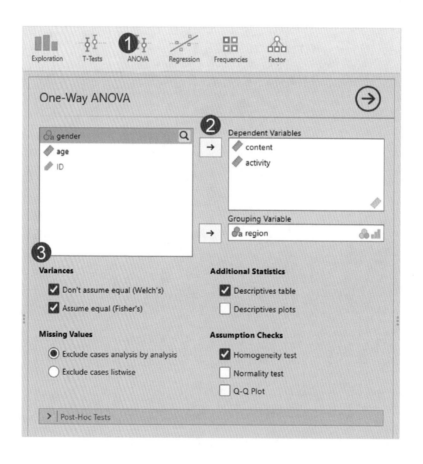

결과 영역에 분산분석, 기술통계, 등분산성 검정 등 세 개의 분석 결과표가 제시된다. 맨 아래 Levene's 테스트 결과표에 따르면 두 변수의 p값이 각각 .282와 .093으로 모두 등분산 가정이 충족되었음을 알 수 있다.

Homogeneity of Variances Test (Levene's)

	F	df1	df2	p
content	1.28	2	147	0.282
activity	2.41	2	147	0.093

등분산 가정이 충족되었으므로 맨 위의 분산분석 결과표에서는 Fisher's 분산분석 결과를 확인하면 되는데, content에 대한 만족도의 p값은 .067로 .05의 수준에서 집단 간 유의미한 차이가 없고, activity의 p값은 .007로 세 집단 사이에 통계적으로 의미 있는 차이가 있음이 확인되었다.

One-Way ANOVA

		F	df1	df2	p
content	Welch's	2.62	2	96.4	0.078
	Fisher's	2.75	2	147	0.067
activity	Welch's	5.09	2	94.9	0.008
	Fisher's	5.17	2	147	0.007

여기서 유의할 점은 activity에 대해 세 집단 간 만족도 평균에 차이가 있음이 확인되었지만, 구체적으로 어느 집단과 어느 집단의 차이인지는 알 수 없다는 사실이다. 따라서 이의 확인을 위해 추가적인 사후 분석이 필요한데 이를 위한 절차는 다음과 같다.

4. 하단의 'Post-Hoc Tests' 기능을 클릭하여 Post-Hoc Test 항목의 Tukey 체크(앞서 등분산이 확인되었으므로 Tukey를 사용하였고 만약 이분산이었다면 Games-Howell을 사용) 및 Statistics 항목에서 Mean difference, Report significance(유의확률 보고)와 Flag significant comparisons(유의미한 차이에 * 표시) 체크

4 | Post-Hoc Tests

Post-Hoc Test
- ○ None
- ○ Games-Howell (unequal variances)
- ◉ Tukey (equal variances)

Statistics
- ☑ Mean difference
- ☑ Report significance
- ☐ Test results (t and df)
- ☑ Flag significant comparisons

결과 영역의 첫 번째 content 분석 결과를 보면 최초 분석 결과와 마찬가지로 집단 간 유의한 차이가 나타나지 않았다. 하지만 두 번째 activity 분석 결과에서는 서부와 중부의 평균 차이인 0.846점(p = .005)이 유의수준 .01 수준에서 통계적으로 유의미하다는 것으로 나타나, 활동방법에 대한 만족도는 서부가 중부보다 의미 있게 높았다는 것이 확인되었다(동부와 서부, 동부와 중부 사이에서는 유의한 차이가 없음).

Tukey Post-Hoc Test - content

		동부	서부	중부
동부	Mean difference	–	0.247	−0.390
	p-value	–	0.622	0.320
서부	Mean difference		–	−0.637
	p-value		–	0.055
중부	Mean difference			–
	p-value			–

Note. * p < .05, ** p < .01, *** p < .001

Tukey Post-Hoc Test - activity

		동부	서부	중부
동부	Mean difference	–	−0.477	0.369
	p-value	–	0.154	0.335
서부	Mean difference		–	0.846**
	p-value		–	0.005
중부	Mean difference			–
	p-value			–

Note. * p < .05, ** p < .01, *** p < .001

3) 소속 및 성별에 따른 만족도 차이 분석 - 이원분산분석

소속과 성별의 두 요소를 조합한 집단들 사이의 만족도 비교를 위해 이원분산분석을 실시할 수 있으며, 분석을 위한 절차는 다음과 같다.

1. 「Analyses」 탭의 메뉴 중 ANOVA ▶ ANOVA 클릭
2. ANOVA 화면 좌측의 변수리스트 박스에서 content 변수를 선택하여 우측 Dependent Variable 박스로, region과 gender 변수를 선택하여 우측 Fixed Factors 박스로 이동
3. Effect Size(효과크기) 항목에서 η^2 (에타제곱) 체크
※ content 변수에 대한 분석 완료 후 Dependent Variable 박스에 activity 변수 교체 투입하여 분석

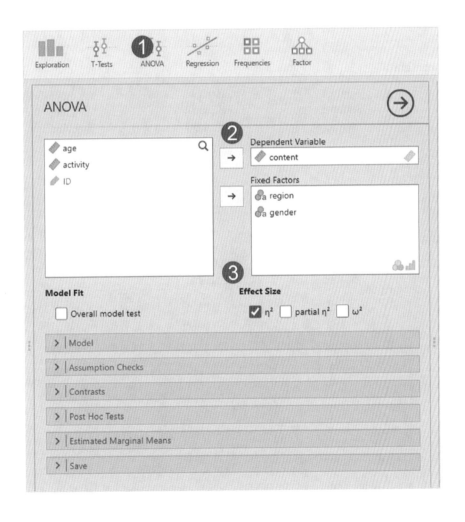

분석 결과를 보면 content 변수에 대해서는 소속, 성별, 소속과 성별의 조합(region * gender) 모두에 대해 통계적으로 유의한 차이가 발견되지 않았으나(아래 첫 번째 결과표), activity 변수에 대해서는 소속에 따라 집단 간 통계적으로 유의미한 차이(F = 5.362, p = .006)가 확인된다(아래 두 번째 결과표). 여기서 주목해야 할 점은 앞서 일원분산분석에서는 하나의 독립변수(소속)만을 분석에 포함했던 것과 달리 이원분산분석은 두 변수(소속과 성별)를 동시에 투입하여 분석함으로써 상호 다른 변수의 통제가 이루어졌다는 점이다. 즉, 성별 변수를 통제함으로써 성별과 관계없이 소속 본부에 따라 activity 만족도에 대한 집단 간 차이가 있고, 소속 변수를 통제함으로써 소속과 무관하게 성별 간 차이는 없다는 것을 알 수 있다.

한편, activity 변수의 총분산이 통계적으로 유의한 독립변수인 소속에 의해 얼마나 설명되는가를 나타내는 효과크기는 η^2(에타제곱) 값을 보면 알 수 있다. 여기서는 η^2 값이 .068이므로 활동방법에 대한 만족도의 차이는 소속이라는 변수, 즉 참여자들이 어떤 본부에 소속되어 있는지에 의해 6.8% 설명된다고 해석할 수 있다(아래 두 번째 결과표).

ANOVA - content

	Sum of Squares	df	Mean Square	F	p	η^2
region	10.063	2	5.032	2.743	0.068	0.036
gender	0.335	1	0.335	0.183	0.670	0.001
region * gender	1.770	2	0.885	0.482	0.618	0.006
Residuals	264.121	144	1.834			

ANOVA - activity

	Sum of Squares	df	Mean Square	F	p	η^2
region	18.272	2	9.136	5.362	0.006	0.068
gender	0.725	1	0.725	0.426	0.515	0.003
region * gender	2.485	2	1.242	0.729	0.484	0.009
Residuals	245.351	144	1.704			

📊 통계 개념. 효과크기와 η^2

분산분석에서 효과 크기를 확인하는 η^2 값은 총분산(총편차의 제곱 합) 중에서 독립변수에 의해 설명되는 집단 간 분산(집단 간 편차의 제곱합)이 얼마나 되는가를 나타내는 것으로 종속변수에 대한 독립변수의 설명력이라고 할 수 있다(성태제, 2019). η^2 값은 백분율(%)로 환산하여 이해하면 되므로 설명력의 강도, 즉 효과 크기에 대한 해석이 매우 용이하다.

이어서 소속에 따른 activity 만족도의 차이가 구체적으로 어느 집단들 사이에서 발생하는지 알아보기 위해 사후검정이 필요하며, 이를 위한 방법은 다음과 같다.

4. 하단의 'Post−Hoc Tests' 기능을 클릭하여 region 변수를 우측 박스로 이동한 후 Scheffe 체크 − 여기서는 앞서 One−Way ANOVA에서보다 다양한 사후검정 옵션이 제공되어 옵션 간 결과 비교 가능

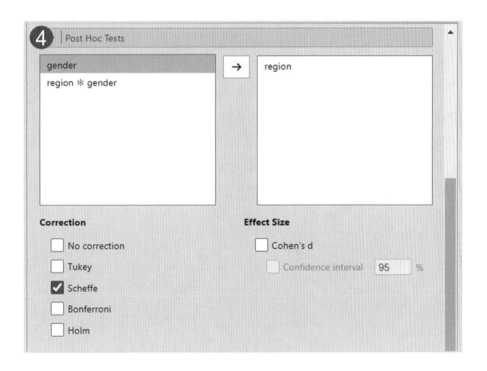

Scheffe를 활용한 사후검정 결과 앞서 일원분산분석에서와 마찬가지로 activity 변수에 대해 서부와 중부 지역 본부 사이에서 통계적으로 의미 있는 차이(t = 3.27, p = .006)가 있음이 확인된다(content 변수에 대해서는 분산분석 결과 유의한 차이가 없었으므로 사후검정에서도 당연히 유의한 결과가 나오지 않음)

Post Hoc Comparisons - content

Comparison		Mean Difference	SE	df	t	Pscheffe
region	region					
동부	서부	0.246	0.267	144	0.922	0.654
	중부	-0.396	0.272	144	-1.452	0.351
서부	중부	-0.642	0.276	144	-2.327	0.070

Post Hoc Comparisons - activity

Comparison		Mean Difference	SE	df	t	Pscheffe
region	region					
동부	서부	-0.471	0.258	144	-1.83	0.191
	중부	0.397	0.263	144	1.51	0.321
서부	중부	0.869	0.266	144	3.27	0.006

덧붙여서, 두 독립변수(소속과 성별)와 종속변수(만족도)의 관계를 시각적으로 표현하여 더욱 직관적인 이해를 도모할 수 있는데, 이를 위한 방법은 다음과 같다.

5. 하단의 'Estimated Marginal Means' 기능을 클릭하여 region과 gender 변수를 Marginal Means(주변평균) 박스로 옮긴 후 Output 항목에서 Marginal means plots 체크

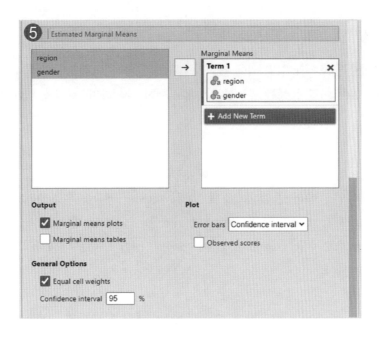

결과 영역에 제시된 그래프에서는 X축(소속)에 따라 성별 꺾은선이 Y축(activity 만족도)에 있어 어떤 모양을 가지는지 보여준다. 통계적으로는 이미 성별에 따른 차이는 없고, 소속에 있어 서부와 중부 본부 사이에 의미 있는 차이가 있으며, 소속과 성별의 상호작용 효과는 없음을 확인했는데, 이를 그래프를 통해 다시 한번 직관적으로 살펴볼 수 있다. 참고로, 통계적으로 유의하지는 않았으나 종속변수를 activity 대신 content로 교체하면 content 변수에 대해서도 그래프를 확인할 수 있다.

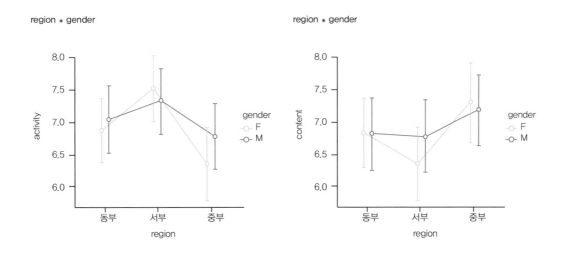

4) 연령을 통제한 분석 - 공분산분석

독립변수로 설정된 소속과 성별 외에 참여자들의 연령 변수가 활동방법에 대한 만족도에 영향을 끼쳤을 수 있어 이를 통제한 공분산분석을 시행하고자 하며, 분석을 위한 절차는 다음과 같다.

1. 「Analyses」 탭의 메뉴 중 ANOVA ▶ ANCOVA 클릭
2. ANCOVA 화면 좌측의 변수리스트 박스에서 activity 변수를 우측 Dependent Variable 박스로, region과 gender 변수를 우측 Fixed Factors 박스로, age 변수를 우측 Covariates 박스로 이동 – content 변수는 소속과 성별 모두에 대해 유의하지 않았으므로 공분산분석 불필요

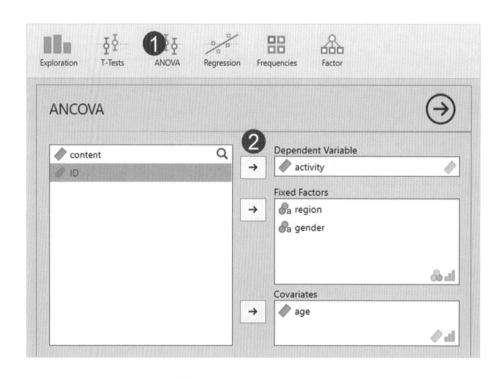

분석 결과를 보면 통제를 위해 투입된 연령(age) 변수는 통계적으로 유의미하나(F＝14.47, p＜.001) 독립변수인 소속과 성별 및 상호작용 변수까지 모두 유의하지 않은 것으로 확인된다. 특히 주목해야 할 점은 앞선 분산분석에서 유의한 결과를 보였던 소속(region) 변수의 통계적

유의성이 여기에서는 나타나지 않는다는 점이다. 이는 활동방법에 대한 만족도가 지역 본부별로 차이가 있는 것으로 보였으나 혼재변수인 연령을 고려(통제)하여 재분석해 보니 소속이 아닌 참여자들의 연령이 실제 영향 요인이었음을 시사한다.

ANCOVA - activity

	Sum of Squares	df	Mean Square	F	p
region	7.07	2	3.54	2.27	0.107
gender	2.72	1	2.72	1.75	0.188
age	22.55	1	22.55	14.47	<.001
region * gender	5.14	2	2.57	1.65	0.196
Residuals	222.80	143	1.56		

더 알아보기 1

이번 장에서 살펴본 일원분산분석은 엑셀의 데이터 분석 도구를 통해서도 가능한데, 여기에서는 <Ch.6. Satisfaction> 데이터 세트를 활용하여 학습내용 만족도(content)에 대한 소속별 세 집단을 비교하는 일원분산분석 방법을 소개한다.

1. 시트를 추가하여 학습내용 만족도 변수(content)의 데이터를 아래와 같이 소속별 세 집단(B~D열)으로 구분하여 재정리
2. 「데이터」탭에서 데이터 분석 도구 클릭
3. 팝업된 통계 데이터 분석 대화상자에서 '분산 분석: 일원 배치법' 선택

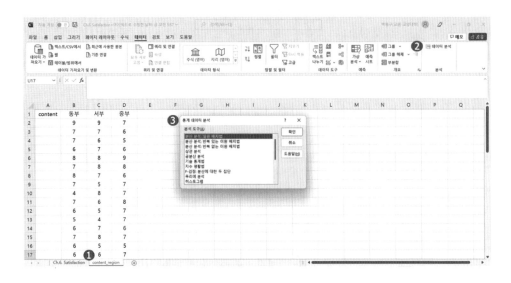

4. 이어서 팝업된 '분산 분석: 일원 배치법' 대화상자에서 입력 범위 지정, 데이터 방향 선택, 첫째 행 이름표 사용 여부 체크 및 출력 범위 지정

- 입력 범위: B~D열까지 지정하면 팝업창에서 $B:$D로 표현됨
- 데이터 방향: 자료들이 세로로 정리되어 있으므로 열 선택
- 첫째 행 이름표 사용 엑셀의 첫 행이 변수명이므로 첫째 행 이름표 사용 체크
- 출력 범위 지정: 새로운 워크시트 체크

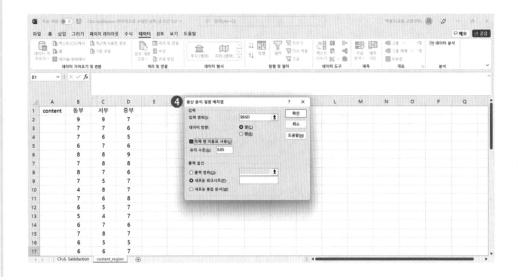

위 순서로 진행하면 다음과 같이 분석 결과가 제시된다. jamovi로 분석한 결과와 동일하게 F＝2.746, p＝.067로 세 집단의 학습내용 만족도에는 유의미한 차이가 존재하지 않았음을 알 수 있다.

요약표

인자의 수준	관측수	합	평균	분산
동부	53	365	6.886792	1.486938
서부	50	332	6.64	2.316735
중부	47	342	7.276596	1.639223

분산 분석

변동의 요인	제곱합	자유도	제곱평균	F비	P-값	F 기각치
처리	9.948323	2	4.974162	2.746349	0.067456	3.057621
잔차	266.245	147	1.811191			
계	276.1933	149				

※ 엑셀에서는 jamovi나 SPSS 등 통계 전문 패키지와 달리 등분산 가정에 대한 검증 기능이 동시에 제공되지 않는다는 한계가 있다.

Chapter 7

집단 간 속성 비교 - 교차분석

시나리오

기업C에서는 구성원들이 자격C를 취득하도록 지원하기 위해 과감한 투자를 결정하였다. 희망자 200명에 대해 자격 취득 프로그램을 제공하기로 한 것이다. 특히, 구성원들의 업무 스케줄과 학습 스타일 등을 고려하여 '자격C 대비 사내 집중 교육 개설', '온라인 과정 제공', '외부 학원 수강 교육비 지원'의 세 가지 옵션을 제공하여 선택할 수 있도록 할 예정이다.

자격C 시험은 분기당 1회씩 연간 총 4회 시행된다. 따라서 1년 경과 후 세 가지 옵션별로 자격 취득 여부에 차이가 있는지 분석하여 어떤 방법이 가장 효과적이었는지 평가하고자 한다. 만약 옵션별로 큰 차이가 있거나 특정 방법이 매우 성과가 높거나 낮다면 이후 운영 시 적절히 반영해야 할 것이기 때문이다. 또한, 자격 취득에 있어 부서별 차이가 존재하는지도 추가로 살펴보고자 한다.

본 장의 시나리오에 대한 분석을 위해 다음의 통계 방법을 활용한다.

- 기술통계
- 교차분석(Cross Tabulation Analysis)
- 카이제곱(Chi-square) 검정

핵심 용어

- 모수통계 vs. 비모수통계
- 연관성 검정(test of association), 독립성 검정(test of independence)
- 교차표(contingency table)
- 관찰(observed) 빈도, 기대(expected) 빈도

❶ 분석 목적과 방법

데이터 세트의 전반적인 현황 파악을 위한 기술통계 분석 및 범주형 변수의 집단 간 빈도 차이 분석을 위한 교차분석에 대해 살펴본다. 교차분석은 범주형 두 변인을 가로와 세로축으로 한 교차표(contingency table) 내의 데이터에 대한 빈도분석과 이들 교차빈도에 통계적으로 의미 있는 차이가 있는지를 살피는 추리통계 분석을 포함하는 개념이다. 특히, 교차분석을 위한 추리통계 기법으로 카이제곱 검정이 널리 활용된다.

1) 기본 정보 분석 - 기술통계

구성원별로 자격C 취득을 위해 선택한 학습 옵션과 자격 취득 여부를 엑셀 파일에 정리한다. 이어서 전반적인 현황 파악을 위해 학습 옵션 및 소속 부서에 따라 합격자 수를 집계하고, 이를 그래프로 나타내 보고자 한다.

2) 학습 옵션 및 소속 부서에 따른 자격 취득 여부 비교 - 교차분석

사내 집중 교육, 온라인 과정, 교육비 지원을 선택한 집단들 간 자격 취득 여부에 차이가 있는지, 즉 학습 옵션과 자격 취득 사이에 유의미한 관계가 있는지 비교 분석을 계획하였다. 이를 위해 자격C 취득 프로그램에 참여한 모든 구성원을 이들이 선택한 학습 옵션에 따라 세 집단으로 구분한 후 집단 간 자격 취득자 수에 의미 있는 차이가 있는지 통계적으로 비교하고자 한다.

또한, 학습 방식뿐만 아니라 구성원들의 소속 부서(마케팅, 영업, 경영지원)에 따라 자격 취득 여부에 차이가 있는지, 즉 소속 부서와 자격 취득 사이에 유의미한 관계가 있는지도 비교해 보기로 하였다.

📊 통계 개념. 카이제곱 검정

카이제곱 검정은 종속변수가 범주형 데이터일 때 택하게 되는 분석 방법의 하나로 비모수통계에 해당하며, 연구 목적에 따라 연속형 변수를 범주형으로 변환(예. 연속형인 시험점수를 합격/불합격의 범주형으로 변환)하여 실시하기도 한다. 카이제곱 검정은 독립변수와 종속변수의 각 범주가 교차하는 셀(cell)의 실제 관찰빈도(observed frequency)와 기대빈도(expected frequency)를 비교하여 두 변수의 연관성(association), 또는 독립성(independence)을 분석하는 방법으로 수행된다. 부연하면, 카이제곱 값은 교차표 내의 셀별로 관찰빈도와 기대빈도의 차이를 제곱한 후 이를 기대빈도로 나눈 값들을 구한 후 이들을 다 더한 것으로 '$\chi^2 = \Sigma$(관찰빈도 – 기대빈도)^2/ 기대빈도' 공식으로 표현되며, 이 값의 통계적 유의성을 토대로 카이제곱 검정을 수행한다. 카이제곱 검정을 위한 전제로 각 셀에 속한 빈도는 다른 셀의 빈도와 상관이 없이 독립적이어야 하고, 각 셀의 기대빈도는 최소 5 이상이어야 한다는 점을 기억할 필요가 있다(김준우, 2015).

3) 소속 부서와 학습 방법 선택 간 관련성 분석 - 교차분석

자격 취득 프로그램에 참여한 구성원들의 소속 부서에 따라 이들이 선택한 학습 옵션에 유의한 차이가 있는지도 추가로 살펴보고자 한다. 만약 업무나 해당 부서의 특성이 학습 방법의 선택과 밀접한 관련이 있다면 이 또한 효과적인 맞춤형 프로그램을 제공하는 데 참고 요소가 될 것이기 때문이다.

❷ 통계를 활용한 분석

분석을 위해 구성원별로 선택한 학습 방법과 소속 부서 및 자격 취득 여부를 엑셀 파일에서 정리한 후 <Ch.7. Certification>로 저장한다. 준비된 데이터 세트의 각 변수명과 내용은 다음과 같다.

<Ch.7. Certification>
열1 (ID). 학습자 넘버
열2 (option). 학습 옵션(사내 집중 교육=Class, 온라인 과정=Online, 교육비 지원=Fund)
열3 (department). 소속 부서(마케팅=Market, 영업=Sale, 경영지원=Staff)
열4 (result). 자격 취득 여부(합격=O, 불합격=X)

이어서 jamovi에서 <Ch.7. Certification> 파일을 ≡ ▶ Open ▶ This PC ▶ Browse의 순서로 불러온 후, 분석에 앞서 「Data」 탭의 Setup 버튼을 클릭하여 데이터 척도를 지정한다. 여기에서는 ID는 ID로, 학습 옵션(option), 소속 부서(department), 자격 취득 여부(result)는

모두 명목(Nominal) 척도로 지정한다.

1) 기본 정보 분석 - 기술통계

학습 옵션 및 소속 부서에 따른 자격 취득자 수 등 기본 정보를 살펴보고, 이를 그래프로 나타내기 위한 절차는 다음과 같다.

1. 「Analyses」 탭의 메뉴 중 Exploration ▶ Descriptives 클릭
2. Descriptives 화면 좌측의 변수리스트 박스에서 option(학습 옵션) 변수를 우측 Variables 박스로, result(자격 취득 여부) 변수를 우측 Split by 박스로 이동
3. 변수 박스 아래의 Frequency tables 체크
4. 하단의 'Plots' 기능을 클릭하여 Bar plot 체크

결과 영역의 첫 번째 표를 보면 데이터가 200개이고(합격 93, 불합격 107) 결측치가 없다는 점 외에는 기술통계값이 제시되지 않는데, 이는 데이터 세트가 명목변수들로 이루어졌고 이들은 연산이 불가하므로 나타난 결과이다.

하지만 이어지는 빈도표에는 학습 옵션별로 합격자(O)와 불합격자(X) 수가 집계되어 제시되었는데, 사내 집중 교육, 교육비 지원, 온라인 과정별로 합격자(불합격자) 수가 각각 28(35)명, 23(46)명, 42(26)명인 것을 알 수 있다. 또한, 막대그래프를 통한 시각화를 통해 온라인 과정 참여자의 합격 빈도가 월등히 높고 교육비 지원의 경우 불합격자가 합격자보다 훨씬 많음을 더욱 분명하게 확인할 수 있다.

Frequencies of option

option	result	
	O	X
Class	28	35
Fund	23	46
Online	42	26

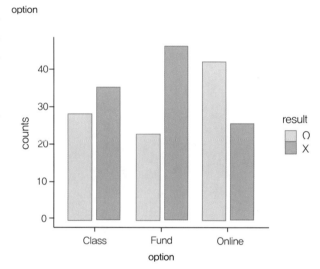

같은 방법으로 Variables 박스에 option(학습 옵션) 대신 department(소속 부서) 변수를 넣어주면 소속부서별 합격자 수 집계와 그래프를 구할 수 있다.

2) 학습 옵션 및 소속 부서에 따른 자격 취득 여부 비교 – 교차분석

학습 방법 및 소속 부서에 따라 자격 취득 여부에 통계적으로 유의한 차이가 있는지 분석하기 위해 대표적 비모수 추리통계 방법인 카이제곱 검정을 시행할 수 있다.

■ 학습 옵션과 자격 취득 여부 교차분석

학습 옵션에 따라 자격 취득 여부에 유의한 차이가 있는지, 달리 말해 학습 방법과 합격 여부 사이에 의미 있는 연관성이 있는지를 분석하기 위한 카이제곱 검정 절차는 다음과 같다.

1. 「Analyses」 탭의 메뉴 중 Frequencies ▶ Independent Samples x^2 test of association 클릭
2. Contingency Tables 화면 좌측의 변수리스트 박스에서 option(학습 옵션) 변수를 우측 Rows(행) 박스로, result(자격 취득 여부) 변수를 우측 Columns(열) 박스로 이동
3. 하단의 'Statistics' 기능을 클릭하여 구하고자 하는 x^2 검정 체크
4. 하단의 'Cells' 기능을 클릭하여 Counts 항목에서 Observed counts(관찰빈도)와 Expected counts(기대빈도) 모두 체크

결과 영역에 교차표와 카이제곱 검정 결과표가 각각 제시되는데, 먼저 교차표에는 세 가지 학습 옵션별로 합격자(O)와 불합격자(X)의 실제 관찰(Observed) 빈도 및 학습 옵션과 합격 여부가 전혀 무관할 때 나타나는 확률적 기대(Expected) 빈도가 제시된다. 이를 살펴보면 사내

집중 교육의 경우 실제 합격자 수(관찰빈도)와 확률적 합격자 수(기대빈도)가 유사하지만, 교육비 지원 옵션의 합격자 수는 관찰빈도가 기대빈도보다 상당히 낮고, 온라인 과정 옵션은 그 반대임을 확인할 수 있다. 다시 말해, 교육비 지원 방법은 자격 취득에 있어 그다지 효과적이지 않았던 반면, 온라인 과정 옵션은 상당히 효과적이었던 것으로 보인다.

이처럼 교차표 분석을 통해 학습 옵션에 따른 합격자 수의 차이, 즉 학습 방법과 자격 취득 사이의 관련성이 암시되었다. 이어서 이러한 차이(또는 관련)가 통계적으로 의미 있는 것인지 살펴보기 위해 카이제곱 검정 결과를 확인해야 하는데, 여기서는 검정 통계값(x^2=11.3)의 확률 (p=.004)이 유의수준 .01보다 작아 학습 방법과 자격 취득 사이에 유의한 관련이 있다고 추론할 수 있다. 이러한 분석을 토대로 향후 교육비 지원 제도는 없애거나 사후 관리를 강화하고, 온라인 과정 옵션은 더욱 확대하는 방향의 자격 취득 프로그램 재설계를 검토할 수 있을 것이다.

Contingency Tables

option		result		Total
		O	X	
Class	Observed	28	35	63
	Expected	29.3	33.7	
Fund	Observed	23	46	69
	Expected	32.1	36.9	
Online	Observed	42	26	68
	Expected	31.6	36.4	
Total	Observed	93	107	200
	Expected	93.0	107.0	

x^2 Tests

	Value	df	p
x^2	11.3	2	0.004
N	200		

✏️ **Tips**

jamovi에서는 카이제곱 검정을 비롯하여 비모수통계에 해당하는 여러 분석 방법들을 **Frequencies** 탭에 모아 두었다. 따라서 여기서 Frequencies라는 영어 단어는 단순히 '빈도들'로 직역하기보다 '범주형 변수를 활용한 비모수통계 방법들' 정도로 의역하여 이해하는 것이 더 적절해 보인다. 앞서 살펴보았듯 일반적인 의미의 빈도분석은 **Exploration** 탭의 Descriptives(기술통계)에서 Frequency tables(빈도표)에 체크하는 방법으로 시행할 수 있다.

■ 소속 부서와 자격 취득 여부 교차분석

소속 부서와 자격 취득 여부 사이에 의미 있는 연관성이 있는지를 분석하기 위해서는 위와 동일한 절차에 따르되 Row(행) 박스에 option(학습 옵션) 대신 department(소속 부서) 변수를 넣어주기만 하면 된다.

교차표에 제시된 관찰빈도와 기대빈도를 살펴보면 영업팀은 비교적 관찰빈도와 기대빈도가 비슷하지만, 마케팅팀은 기대치보다 실제 자격 취득자 수가 상당히 많고, 경영지원팀은 그 반대임을 알 수 있다. 즉, 교차표 분석을 통해 소속 부서와 자격 취득 사이의 연관성이 암시되었다.

이어서 이러한 차이(또는 관련)가 통계적으로 의미 있는 것인지 살펴보기 위한 카이제곱 검정 결과(x^2=11.0, p=.004) 소속 부서와 자격 취득 간에 유의미한 관련이 있음이 확인되었다. 따라서 이러한 통계 분석 결과를 토대로 부서별 차이 발생의 원인에 대한 추가적인 심층 분석을 시도할 수도 있을 것이다.

Contingency Tables

department		result		Total
		O	X	
Market	Observed	42	25	67
	Expected	31.2	35.8	
Sale	Observed	27	39	66
	Expected	30.7	35.3	
Staff	Observed	24	43	67
	Expected	31.2	35.8	
Total	Observed	93	107	200
	Expected	93.0	107.0	

x^2 Tests

	Value	df	p
x^2	11.0	2	0.004
N	200		

3) 소속 부서와 학습 방법 선택 간 관련성 분석 - 교차분석

학습 방법과 소속 부서별 자격 취득 여부의 차이를 살펴본 이후, 소속 부서에 따라 학습 방법 선택에 차이가 있었는지 추가로 살펴보기로 하였다. 이를 위해 먼저 <Ch.7. Certification> 데이터 세트를 활용하여 인원수를 집계하면 다음의 <Ch.7. Participation> 파일과 같이 정리할 수 있다.

Option	Department	Freq
Class	Market	22
Class	Sale	20
Class	Staff	21
Online	Market	23
Online	Sale	22
Online	Staff	23
Fund	Market	22
Fund	Sale	24
Fund	Staff	23

이를 활용하여 구성원들의 소속 부서에 따라 이들이 선택한 학습 옵션에 유의한 차이가 있는지, 즉 소속 부서와 학습 방법의 선택에 있어 유의한 관련성이 있는지 분석하기 위한 카이제곱 검정 절차는 다음과 같다.

1. 「Analyses」 탭의 메뉴 중 Frequencies ▶ Independent Samples x^2 test of association 클릭
2. Contingency Tables 화면 좌측의 변수리스트 박스에서 option(학습 옵션) 변수를 우측 Rows(행) 박스, department(소속 부서) 변수를 우측 Columns(열) 박스, freq(인원 수) 를 Counts(optional)로 이동
3. 하단의 'Statistics' 기능을 클릭하여 구하고자 하는 x^2 검정 체크
4. 하단의 'Cells' 기능을 클릭하여 Counts 항목에서 Observed counts(관찰빈도)와 Expected counts(기대빈도) 모두 체크

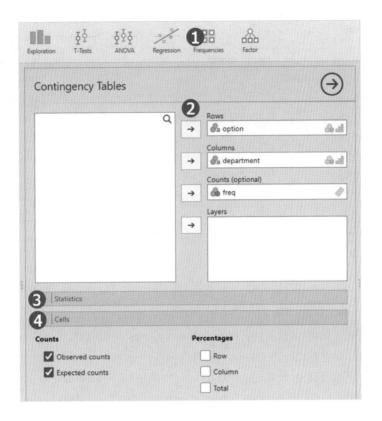

결과 영역의 교차표에서 소속 부서와 학습 옵션이 교차하는 셀들의 관찰빈도와 기대빈도를 살펴보면 대부분 서로 비슷하다는 것을 알 수 있다. 마찬가지로 카이제곱 검정 결과($x^2=.202$, $p=.995$)에서도 소속 부서와 학습 방법의 선택 사이에는 유의미한 관련이 없음이 확인되었다. 따라서 학습 방법의 선택은 소속 부서와는 무관한 것으로 해석할 수 있을 것이다.

Contingency Tables

option		department			Total
		Market	Sale	Staff	
Class	Observed	22	20	21	63
	Expected	21.1	20.8	21.1	
Fund	Observed	22	24	23	69
	Expected	23.1	22.8	23.1	
Online	Observed	23	22	23	68
	Expected	22.8	22.4	22.8	
Total	Observed	67	66	67	200
	Expected	67	66	67	

χ^2 Tests

	Value	df	p
χ^2	0.202	4	0.995
N	200		

 Tips

- 카이제곱 검정 시 데이터 세트의 정리 방식에 따라 Counts(optional) 박스를 사용할 수도, 하지 않을 수도 있다. <Ch.7. Certification> 파일처럼 ID별로 데이터를 정리한 경우 두 변수를 Rows (행)과 Colums(열) 박스로 이동시키면 되고, <Ch.7. Participation> 파일처럼 변수별로 빈도를 집계한 경우 행과 열 박스로 각 변수를 이동시키고 집계한 빈도(freq)를 Counts(optional) 박스에 이동시켜 주어야 한다.
- 카이제곱 검정 화면 하단 'Cells' 기능의 Percentages 항목을 활용하여 행, 열, 전체에 대한 빈도의 비율을 표시할 수 있다. 때에 따라서는 빈도 자체보다 빈도의 비율을 활용하여 교차표를 검토하는 것이 더 효과적일 수도 있다.

Part 4

설명과 예측을 위한 통계

최근 들어 일하기 좋은 일터(Great Work Place, GWP)에 대한 관심이 증가하고 있다. 조직의 환경과 문화를 변화시키기 위한 노력의 일환으로서 일하기 좋은 일터에 대한 관심은 필연적으로 조직 구성원이 조직과 자신의 직무에 대해 어떻게 인식하고 있는지에 대한 지속적인 진단을 요구한다. 이러한 진단 활동의 목적은 조직문화와 관련된 핵심 요소들을 도출하여 이에 대한 구성원들의 인식과 태도를 파악함으로써, 현황을 이해하고 개선이 필요한 부분을 발견하기 위함이다. 진단 활동은 다양한 방법으로 진행되는데 통상 서베이 방식이 널리 활용되며, 이를 위해 상당한 시간, 자원, 인력, 예산을 투입하여 진단 도구를 만들고, 설문 등을 통해 데이터를 수집한 후 분석을 시행한다. 또한, 분석 결과를 토대로 문제를 발견하고 원인을 규명하며 발전 방안의 근거를 확보함으로써 일하기 좋은 일터 조성을 위한 다양한 활동을 전개한다.

이처럼 조직 차원에서 심대한 전략적 가치를 가지는 조직진단이 그 취지를 더욱 효과적으로 달성하기 위해서는 핵심 요소들에 대한 현황 파악을 넘어 이들 사이의 상호작용을 파악하는 것이 중요하다. 서로 연관되었거나 영향을 주고받는 요소들을 찾아 이들에 적절한 개입을 한다면 효과적으로 바람직한 결과를 얻을 수 있고 개입의 시너지를 극대화할 수 있을 것이기 때문이다. 개별 요소들에 대한 현황 파악을 넘어 요소들 사이의 상호작용과 영향 관계 파악에 있어 통계가 중요한 역할을 할 수 있다.

※ 아래 그림은 Part 4에서 다루는 추론통계 방법들에 대한 요약으로, 전체 내용의 핵심 정리에 도움이 될 것이다.

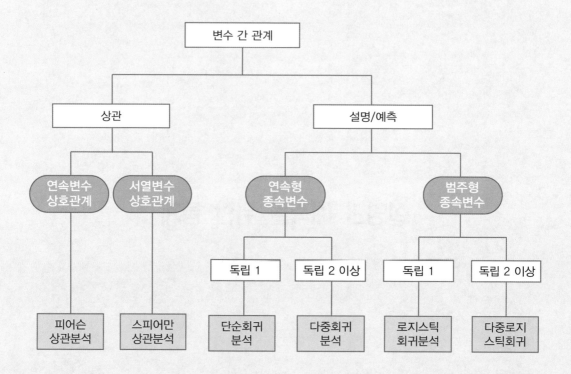

Chapter 8

변수 간 상호관계 파악 - 상관분석

기업D에서는 매년 가을 인사팀 주관으로 사내 설문조사 시스템을 활용하여 정기 직원 의견조사 (Employee Opinion Survey)를 실시하고 있다. 올해 직원 의견조사에서는 전 직원을 대상으로 GWP 모델에 근거한 신뢰(trust), 동료애(fun), 자부심(pride)의 세 가지 영역과 인사팀의 주요 성과지표 중 하나인 이직의도(turnover intention)에 대해 질문 문항들을 활용하여 서베이를 실시할 계획이다.

서베이 결과에 대한 분석을 통해 조사 영역별로 구성원들의 인식을 파악할 뿐만 아니라 영역들 사이에 유의미한 관련성이 있는지도 살펴보고자 한다. 특히, 최근 이직률이 증가 추세를 보이는 상황이므로 구성원들의 이직의도와 다른 요소들과의 상관을 주의 깊게 살펴봄으로써 이직의 메커니즘을 이해하고자 한다.

본 장의 시나리오에 대한 분석을 위해 다음의 통계 방법을 활용한다.

- 기술통계
- 상관분석(correlation analysis)

핵심 용어

- 상관계수(correlation coefficient)
- 상관의 강도
- 정(+)적 상관, 부(−)적 상관
- 더미변수

❶ 분석 목적과 방법

조사 변인들의 현황 파악을 위한 기술통계 분석 및 변수들 사이의 상호관계 파악을 위한 상관분석에 대해 알아본다. 특히, 독립변수와 종속변수가 모두 연속형 변수인 경우의 상호관계 파악을 위한 피어슨(Pearson) 상관분석에 대해 살펴본다.

1) 기본 정보 분석 - 기술통계

사내 설문조사 시스템으로부터 다운로드 받은 직원 의견조사 결과 데이터를 엑셀 파일에 정리한다. 이어서 응답한 직원들의 인구 특성 정보 및 개별 조사 문항들에 대하여 평균, 표준편차 등을 살펴보고 왜도, 첨도 등을 통해 분석 데이터의 정규성을 검토하고자 한다.

2) 변수 간 상호관계 파악 - 피어슨 (적률)상관분석

직원 의견조사 데이터를 활용하여 변수들 사이의 상호관계를 살펴보고자 한다. 특히, 구성원들의 이직의도에 영향을 미치는 요인을 파악하기 위해서는 관련이 있어 보이는 요인들과 이직의도와의 관계를 파악하는 절차가 선행되어야 한다. 변수 간 상관관계가 검증되어야 비로소 원인과 결과의 형식을 전제하여 더욱 적절한 방식으로 이들 사이의 예측과 영향 관계의 설명을 위한 모형을 도출하고 분석할 수 있기 때문이다. 다시 말해, 두 변수 간의 상관관계가 반드시두 변수 간의 인과관계를 의미하지는 않는다는 점에 주의하며 분석을 시행하고자 한다.

📊 통계 개념. 상관분석

상관분석은 변수 간 설명과 예측을 위한 회귀모형의 적용에 앞서 일대일의 방식으로 두 변수 간의 상호관계를 파악해보는 작업이라 할 수 있다. 상관분석을 통해 파악되는 상호관계의 방향은 두 변수가 같은 방향으로 움직이는 정(+)의 방향, 반대 방향으로 움직이는 부(—)의 방향, 그리고 관계가 있다고 말하기 어려운 경우로 구분할 수 있다.

상관분석은 자료의 형태 가운데 연속형 변수들의 관련성을 측정하기 위한 것이다. 앞서 다룬 교차분석은 범주형 변수들의 연관성을 측정하는 방법인데, 학자에 따라서는 연속형 변수에 대해서는 상관성(correlation), 범주형 변수에 대해서는 연관성(association)이라는 단어를 선호한다는 의견도 있다(우형록, 2015). 보통 상관분석이라 하면 연속형 변수를 고려한 피어슨의 적률상관분석을 의미하는 경우가 대부분이며, 적률이라는 단어에 등간 또는 비율척도를 다루고 있음이 은연중에 드러난다.

상관분석 결과에서 상관이 통계적으로 유의미한지는 기준이 되는 유의수준(p-value)에 따르지만, 상관계수의 크기 또한 변수 간 상관의 강도를 해석하는 데 중요하게 활용된다. 상관계수는 정(+)이든 부(一)이든 절대값 1 이내의 범위를 가지는데, 강도에 대해 일반적으로 적용되는 해석 기준은 다음과 같다(우형록, 2015).

Guilford(1956)	
$0.9 \leq |r| \leq 1.0$	매우 강한 상관
$0.7 \leq |r| < 0.9$	강한 상관
$0.4 \leq |r| < 0.7$	중간 상관
$0.2 \leq |r| < 0.4$	낮은 상관
$|r| < 0.2$	무상관

Cohen(1988)	
$0.5 \leq |r| \leq 1.0$	강한 상관
$0.3 \leq |r| < 0.5$	중간 상관
$0.1 \leq |r| < 0.3$	낮은 상관

참고로, 개별 점수와 총점 간 상관을 토대로 시험 문항의 변별도를 측정할 때는 상관계수 0.3-0.4를 적절한 상관 강도로 보고, 마케팅조사 실무에서는 회귀분석이나 요인분석에서 유의한 결과가 산출될 것으로 예상되는 변수 간 상관계수를 최소 0.3 이상이라고 보기도 한다(하지철, 이동한, 2010).

한편, 사회과학 연구에서 서열척도로 측정된 변수(예: 성적 등수, 학력, 직급 등)가 연속형 변수로 간주되어 분석되는 경우가 종종 있는데, 엄밀하게는 서열척도로 측정된 변수 간의 상관관계는 스피어만 상관분석을 통해 살펴보는 것이 좋다. jamovi를 활용한 분석 실행은 상관분석의 상관계수로 Pearson 대신 Spearman을 선택하면 되고, 피어슨 상관분석이 상관계수를 r로 제시하는 것과 달리 스피어만 상관분석은 상관계수를 ρ(rho)로 제시한다는 것을 기억할 필요가 있다.

❷ 통계를 활용한 분석

분석을 위해 직원 의견조사 결과를 엑셀 파일에서 정리한 후 <Ch.8. Opinion Survey>로 저장한다. 준비된 데이터 세트의 각 변수명과 내용은 다음과 같고, 열2의 성별과 3−4의 직군 변수는 더미 처리된 것이다.

Tips

상관분석을 위한 데이터 세트 정리 시 범주형 변수인 성별은 남성 1, 여성 0 등의 더미변수로 변환해 주는 것이 좋다(반대도 무관하며, 다만 해석 시 혼동하지 않도록 유의). 피어슨 상관분석은 연속형 변수 간 관련성 검토를 위한 방법으로 성별과 같은 범주형 변수는 원칙적으로 분석 대상이 아니지만, 이들 변수도 이후 회귀분석 등 다른 분석에서 활용될 수 있으므로 이들에 대한 상관분석도 이루어질 필요가 있기 때문이다. 같은 맥락에서 O(사무직), M(생산직), S(서비스직) 등 텍스트 형식으로 표시된 직군 변수도 더미 처리하는 것이 좋다(더미변수에 대한 자세한 설명은 '더 알아보기' 참고).

<Ch.8. Opinion Survey>
열1 (ID). 사번
열2 (gender). 성별
열3 (job_M). 직군_생산직(생산직 1, 생산직 외 0으로 더미 코딩)
열4 (job_S). 직군_서비스직(서비스직 1, 서비스직 외 0으로 더미 코딩)
열5 (tenure). 재직기간
열6 (trust). 신뢰
열7 (fun). 동료애
열8 (pride). 자부심
열9 (turnover). 이직의도

---

jamovi에서 <Ch.8. Opinion Survey> 파일을 ≡ ▶ Open ▶ This PC ▶ Browse의 순서로 불러온 후, 분석에 앞서 「Data」탭의 Setup 버튼을 클릭하여 데이터 척도를 지정한다. 여기에서는 ID는 ID로, 성별(gender), 직군_생산직(job_M), 직군_서비스직(job_S)은 명목척도로, 재직기간(tenure), 신뢰(trust), 동료애(fun), 자부심(pride), 이직의도(turnover)는 연속척도로 지정한다.

1) 기본 정보 분석 - 기술통계

직원 의견조사 결과에 대한 상관관계 분석에 앞서 검토하고자 하는 변수들의 평균, 표준편차 등 기본 정보를 살펴볼 필요가 있다. 또한, 상관분석이 연속형 변수들 사이의 관련성을 살펴보기 위한 것이므로 이 변수들의 자료가 정규 분포를 충족하는지를 검토해야 하며, 이를 위한 분석 절차는 다음과 같다.

1. 「Analyses」 탭의 메뉴 중 Exploration ▶ Descriptives 클릭
2. Descriptives 화면의 좌측 변수리스트 박스에서 성별(gender), 직군_생산직(job_M),
   직군_서비스직(job_S), 재직기간(tenure), 신뢰(trust), 동료애(fun), 자부심(pride), 이직
   의도(turnover) 변수를 우측 Variables 박스로 이동

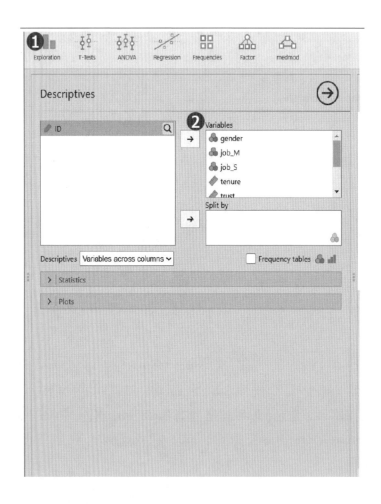

기술통계에서 추가 선택 사항들을 체크하지 않은 상태에서 제시된 분석 결과 총 329명의 구
성원이 설문에 참여했고, 이들 설문 참여자들의 평균 재직기간은 9.24년, 신뢰(trust), 동료애
(fun), 자부심(pride), 이직의도(turnover) 변수에 대한 응답 평균은 7점 척도 기준 각각 4.13,
4.58, 4.28, 4.82로 나타났다. 기술통계를 통해 이직의도 평균이 4.82로 다른 변수들에 비해 높

게 나타난 것을 직관적으로 확인할 수 있다.

Descriptives

	gender	job_M	job_S	tenure	trust	fun	pride	turnover
N	329	329	329	329	329	329	329	329
Missing	0	0	0	0	0	0	0	0
Mean	0.483	0.337	0.188	9.24	4.13	4.58	4.28	4.82
Median	0	0	0	9	4	5	4	5
Standard deviation	0.500	0.474	0.392	6.01	0.952	1.18	0.944	0.990
Minimum	0	0	0	1	1	1	1	2
Maximum	1	1	1	21	7	7	7	7

이어서 변수들의 정규성 여부를 살펴보기 위해 추가적인 기술통계 분석을 시행할 수 있으며, 절차는 다음과 같다.

3. 하단의 'Statistics' 기능을 클릭하면 구할 수 있는 기술통계 종류들이 제시되며, 이미 체크되어 있는 N(사례수), Missing(결측치), Mean(평균), Median(중위수), Minimum(최소값), Maximum(최대값), Std. deviation(표준편차)에 더해 정규성 검정을 위한 Skewness(왜도), Kurtosis(첨도) 추가 체크

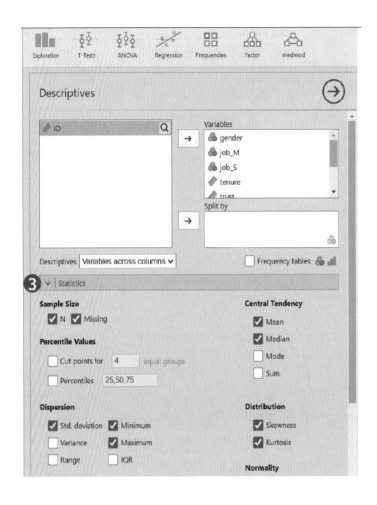

　기본 설정된 기술통계 결과에 더해 추가로 선택한 왜도, 첨도 정보가 제시되며, 모든 연속변
수들이 왜도 ±3, 첨도 ±10의 기준에서 정규성을 확보하고 있음이 확인되었다. 또한, 분석에
포함된 성별(gender)과 직군(job_M, job_S)은 범주형 변수이기 때문에 더미변수로 처리된 바
있다. 더미변수의 경우 정규 분포를 확인할 필요는 없지만, 0과 1로 처리된 각각의 사례 비율이
과도하게 한쪽에 치우쳐 있으면 곤란하다는 점은 기억할 필요가 있다(예를 들어, 0 또는 1의
어느 하나가 전체의 10% 이하). 여기서는 더미변수들의 평균값을 봤을 때 이러한 과도한 쏠림
이 있는 변수는 없다는 것이 확인되었다.

Descriptives

	gender	job_M	job_S	tenure	trust	fun	pride	turnover
N	329	329	329	329	329	329	329	329
Missing	0	0	0	0	0	0	0	0
Mean	0.483	0.337	0.188	9.24	4.13	4.58	4.28	4.82
Median	0	0	0	9	4	5	4	5
Standard deviation	0.500	0.474	0.392	6.01	0.952	1.18	0.944	0.990
Minimum	0	0	0	1	1	1	1	2
Maximum	1	1	1	21	7	7	7	7
Skewness	0.0672	0.691	1.60	0.171	−0.00830	−0.456	−0.300	0.0568
Std. error skewness	0.134	0.134	0.134	0.134	0.134	0.134	0.134	0.134
Kurtosis	−2.01	−1.53	0.565	−1.19	0.544	−0.209	0.707	0.213
Std. error kurtosis	0.268	0.268	0.268	0.268	0.268	0.268	0.268	0.268

2) 변수 간 상관분석 - 피어슨 (적률)상관분석

직원 의견조사 결과의 주요 관측 변수인 신뢰, 동료애, 자부심, 이직의도 및 차후 회귀분석에서 통제 변수로 고려될 성별, 직군, 재직기간 변수들에 대해 피어슨 상관계수(r)를 이용하여 상관분석을 실시하기 위한 절차는 다음과 같다.

1. 「Analyses」 탭의 메뉴 중 Regression ▶ Correlation Matrix 클릭
2. Correlation Matrix 화면의 좌측 변수리스트 박스에서 재직기간(tenure), 신뢰(trust), 동료애(fun), 자부심(pride), 이직의도(turnover), 성별(gender), 직군_생산직(job_M), 직군_서비스직(job_S) 변수를 우측 박스로 이동
3. 하단의 Correlation Coefficients 항목에서 Pearson, Additional Options 항목에서 Report significance(유의확률 보고)와 Flag significant correlations(유의미한 상관계수에 * 표시), Hypothesis 항목에서 Correlated 체크

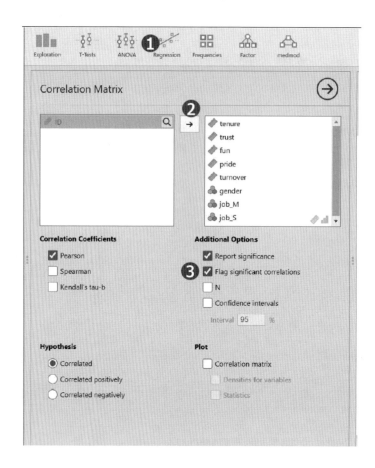

결과 창에 상관분석 매트릭스가 제시되는데, 이 중 범주형이 아닌 연속형으로 측정된 변수들만을 대상으로 상관분석 결과를 찾아 다음과 같이 해석할 수 있다.

첫째, 두 변수가 교차하는 셀에 제시된 상관계수의 p-value(또는 *표시)를 통해 유의수준 .05에서 통계적으로 유의미한 상관관계를 보인 변수들의 쌍을 확인할 수 있는데, 분석에 포함된 관심 변수인 신뢰, 동료애, 자부심, 이직의도는 모두 서로 유의미한 상관관계를 가진 것을 확인할 수 있다.

둘째, 두 변수 간 상관의 방향에 있어 신뢰, 동료애, 자부심은 서로 정(+)의 관계에 있으나, 이직의도는 이들 모두와 부(-)의 관계에 있음을 상관계수의 부호를 통해 확인할 수 있다. 다시 말해, 신뢰, 동료애, 자부심은 서로 같이 상승하거나 하락하는 반면, 이직의도는 이들이 증가하면 낮아지고 이들이 감소하면 올라가는 추세를 보인다는 것이다. 참고로 통계적으로 유의미하지 않은 변수 간 상관관계의 방향을 해석하는 것은 무의미하다.

셋째, 상관계수의 절대값을 토대로 상관관계의 강도를 판단할 수 있는데, 예를 들어, 이직의도와 동료애는 상관계수가 −.655로 절대값이 가장 크다는 것을 알 수 있다. 또한, 위에 소개된 Cohen(1988)에 따르면 이직의도가 동료애 및 자부심과 절대값 0.5 이상의 강한 상관을 보이는 것과 달리 다른 변수들 사이에는 중간이나 낮은 정도의 상관관계가 형성되어 있음을 확인할 수 있다.

Correlation Matrix

		tenure	trust	fun	pride	turnover	gender	job_M	job_S
tenure	Pearson's r	—							
	p-value	—							
trust	Pearson's r	−0.097	—						
	p-value	0.08	—						
fun	Pearson's r	0.139*	0.171**	—					
	p-value	0.011	0.002	—					
pride	Pearson's r	0.050	0.210***	0.474***	—				
	p-value	0.365	〈 .001	〈 .001	—				
turnover	Pearson's r	−0.040	−0.160**	−0.655***	−0.544***	—			
	p-value	0.474	0.004	〈 .001	〈 .001	—			
gender	Pearson's r	0.009	−0.005	−0.074	0.016	0.031	—		
	p-value	0.865	0.928	0.182	0.767	0.576	—		
job_M	Pearson's r	0.148**	−0.085	0.107	−0.082	0.01	0.017	—	
	p-value	0.007	0.126	0.053	0.137	0.854	0.753	—	
job_S	Pearson's r	−0.07	−0.034	−0.066	−0.036	0.047	−0.015	−0.344***	—
	p-value	0.208	0.544	0.234	0.518	0.399	0.787	〈 .001	—

Note. $^*p<.05$, $^{**}p<.01$, $^{***}p<.001$

한편, 연속변수 간의 상관관계는 상관계수를 활용한 통계적 분석뿐만 아니라 그래프를 통해 직관적으로 살펴보는 것도 도움이 되는데, 이를 위한 방법은 다음과 같다.

4. 하단의 Plot 항목에서 Correlation matrix 체크

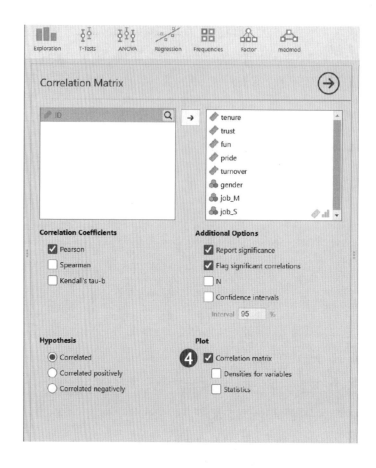

결과 창에 변수들 사이의 상관관계 그래프가 간단하게 제시된다. 이 중 연속변수인 신뢰, 동료애, 자부심, 이직의도가 서로 교차하는 지점의 그래프를 보면 신뢰, 동료애, 자부심은 서로 우상향의 정적 방향, 이들 변수와 이직의도는 서로 우하향의 부적 방향 직선이 그려졌으며, 기울기는 동료애와 이직의도 간 상관관계 그래프에서 가장 가파르다는 것을 시각적으로 파악할 수 있다.

Plot

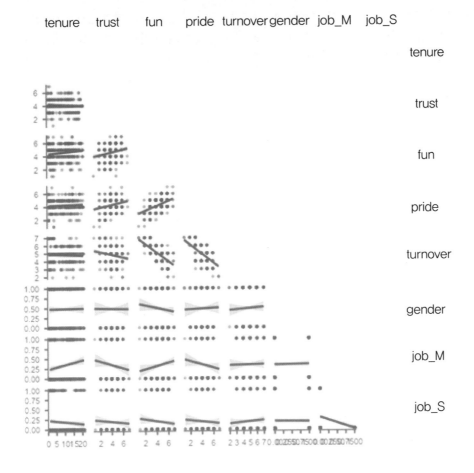

✎ Tips

데이터 정리 시 모름/무응답에 대한 처리와 결측치의 처리에 주의해야 한다.

- 모름/무응답 처리: 상관계수 산출은 두 변수 간 응답의 일치 정도를 토대로 이루어지므로 데이터에 모름/무응답이 포함되면 분석 결과가 왜곡될 수 있다. 예를 들어, 5점 척도 설문에 대해 코딩을 할 때 모름/무응답을 '9', '99', '999' 등과 같이 응답 범주 외의 값으로 처리하는 경우들이 있는데 이를 결측치(missing value)로 처리하지 않고 그대로 둔 채 분석을 하면 상관계수가 잘못 산출될 수밖에 없다. 따라서 코딩된 원자료 검토 결과 이러한 경우가 발견되면 반드시 결측치로 처리한 후 분석을 시행해야 한다.

- **결측치 처리:** 결측치 처리의 한 가지 방법은 모름/무응답으로 코딩된 값(9, 99, 999 등)을 공란으로 처리하고 분석에서 제외하는 것인데, 구체적으로는 Pairwise(대응별) 삭제법과 Listwise(목록별) 삭제법이 있다(결측치 삭제법에 대한 자세한 설명은 5장 참조). 만약 두 변수 간의 상관관계만 분석하는 경우라면 Pairwise와 Listwise가 동일한 결과를 가져오겠지만, 여기서와 같이 복수의 변수들이 서로간에 어떠한 상관을 보이는지 살펴보고자 한다면 결측치 삭제 처리에 있어 Listwise 방법을 택하는 것이 적절할 것이다.

더 알아보기 1

더미변수(dummy variable)는 명목척도나 서열척도로 측정된 범주형 변수를 연속화하는 방법으로 0과 1만으로 표현한다. 더미 변환은 문자로 코딩된 데이터를 단순히 숫자 형식으로 바꾸는 것을 말하는 것은 아니며, 기준이 되는 0과 이에 대응하는 1의 값을 갖는 형식으로 변환하는 것을 의미한다. 예를 들어, 성별이라는 명목 변수를 남성=1, 여성=0으로 부호화 할 수 있는데, 이렇듯 명목척도나 서열척도로 측정한 변수는 더미변수로의 전환을 통해 회귀분석에서 독립변수로 활용될 수 있다.

남성과 여성 중 누구에게 0을 부여해야 한다는 원칙은 없지만 0이 부여된 집단이 항상 비교의 기준이 된다는 점은 고려할 필요가 있다. 다시 말해, 0이 부여된 범주를 기준값(또는 참조집단)이라고 하는데, 만약 어떤 회귀분석에서 남성=1, 여성=0으로 더미 처리한 성별 변수의 회귀계수가 3.4로 나왔다면 남성이 여성에 비해 종속변수 평균이 3.4만큼 크다고 해석할 수 있다.

대학 전공 계열 또한 범주형 변수에 해당하며 더미 변환이 가능하다. 한 가지 차이는 성별이 남과 여라는 두 개의 범주로 구분된 데 반해, 전공 계열은 '인문', '자연', '예체'의 세 범주로 구분된다는 점이다. 더미변수는 0과 1만을 코딩하여 만드는 것이므로, 성별과 같이 범주가 2개이면 1개의 더미변수, 전공 계열처럼 범주가 3개이면 2개의 더미변수를 생성해야 한다. 즉, '범주 개수(N)-1'개의 더미변수를 만들게 되는데, 세 범주 이상일 경우 하나의 범주를 참조집단으로 하고 그 외의 범주들에 대해 더미변수를 만드는 방식이다. 예를 들어, 전공 계열의 경우 인문을 참조집단으로 한다면 자연과 예체 각각의 더미변수, 즉 자연을 1, 자연 외의 전공을 0으로 코딩한 더미변수와 예체를 1, 예체 외의 전공을 0으로 코딩한 더미변수로 다음과 같이 총 2개의 더미변수를 만드는 것이다.

계열	변수_자연	변수_예체
인문	0	0
자연	1	0
예체	0	1

이렇게 하는 이유는 다음의 수식을 통해 설명할 수 있다.

$$Y = b_0 + b_1 X_1 + b_2 X_2$$

다중선형회귀분석을 통해 전공 계열 세 집단의 대학 성적 차이를 분석한다고 가정해보자. 비교의 기준이 되는 참조집단을 인문 계열로 하고 종속변수 Y는 대학 성적, X_1은 자연 계열을 1, 그 외 전공을 0으로 코딩한 자연 계열 더미변수, X_2는 예체 계열을 1, 그외 전공을 0으로 코딩한 예체 더미변수라고 하자. b_0는 절편(상수)이고, b_1은 자연 계열 더미변수 X_1의 회귀계수, b_2은 예체 계열 더미변수 X_2의 회귀계수이다. 수식을 통해 구한 인문, 자연, 예체능의 성적은 다음과 같다.

인문 계열 평균 성적: $Y_{인문} = b_0$
자연 계열 평균 성적: $Y_{자연} = b_0 + b_1$
예체 계열 평균 성적: $Y_{예체} = b_0 + \quad b_2$

참조집단인 인문 계열의 평균 성적은 자연 계열 더미변수 X_1이 0, 예체 계열 더미변수 X_2도 0으로 입력되기 때문에 b_0이 된다. 자연 계열 학생들은 X_1에 1이 입력되고 X_2에 0이 입력되기 때문에 평균 성적은 $b_0 + b_1$이 되고, 예체 계열 학생들은 X_1에 0이 입력되고 X_2에 1이 입력되기 때문에 평균 성적은 $b_0 + b_2$이 된다. 이로써 알 수 있는 것은 회귀계수 b_1은 참조집단인 인문 계열과 자연 계열 간의 평균 차이라는 것이다. 왜냐하면 자연 계열의 평균 성적은 $b_0 + b_1$로서 상수인 인문 계열 학생들의 평균 b_0에 b_1만큼의 평균 차이를 더한 것이기 때문이다. 마찬가지로 회귀계수 b_2는 참조집단인 인문 계열과 예체 계열 간의 평균 차이이다. 예체 계열의 평균 성적은 $b_0 + b_2$로서 상수인 인문 계열 학생들의 평균 b_0에 b_2만큼의 평균 차이를 더한 것이기 때문이다.

한편, 서열척도로 측정된 데이터일지라도 정규성을 어느 정도 충족한다면 실제 분석에서는 종종 연속형 데이터로 간주하고 분석을 하기도 한다. 그러나 서열척도는 등간성이 존재하지 않는 질적 변수이기 때문에 명목척도와 마찬가지로 범주로 분류하고 더미변수로 변환하여 분석을 시행하는 것이 원칙적으로 더 바람직하다. 서열척도의 예로는 학년, 직급 등이 있으며, 이들에 대한 더미변수 변환은 위 전공 계열에서처럼 범주를 적절히 나눈 후 하나의 범주를 참조집단으로 설정하고 나머지 범주들의 더미변수를 만드는 방식으로 진행하면 된다. 만약 직급이 사원, 대리, 과장, 차장 이상 등 4개의 범주로 구분된다면, 다음과 같이 사원을 기준으로 3개의 더미변수를 생성해야 한다.

직급	변수_대리	변수_과장	변수_차장 이상
사원	0	0	0
대리	1	0	0
과장	0	1	0
차장 이상	0	0	1

더 알아보기 2

이번 장에서 살펴본 상관분석은 엑셀의 연산이나 통계 관련 함수 기능 및 데이터 분석 도구를 통해서도 수행할 수 있다. 여기에서는 엑셀의 데이터 분석 도구를 활용하여 <Ch.8. Opinion Survey> 데이터 세트에 대한 상관분석 방법을 소개한다.

1. 「데이터」 탭에서 데이터 분석 도구 클릭
2. 팝업된 통계 데이터 분석 대화상자에서 '상관 분석' 선택

3. 이어서 팝업된 '상관 분석' 대화상자에서 입력 범위 지정, 데이터 방향 선택, 첫째 행
  이름표 사용 여부 체크 및 출력 범위 지정

• 입력 범위: F~I열까지 지정하면 팝업창에서 $F:$I로 표현됨
• 데이터 방향: 자료들이 세로로 정리되어 있으므로 열 선택
• 첫째 행 이름표 사용: 엑셀의 첫 행이 변수명이므로 첫째 행 이름표 사용 체크
• 출력 범위 지정: 새로운 워크시트 체크

위의 순서로 진행하면 다음과 같이 분석 결과가 제시된다. jamovi로 분석한 결과와 대조
해 보면 (소수점 위치 등을 제외하고) 상관계수가 서로 정확히 일치한다는 것을 알 수 있다.

	trust	fun	pride	turnover
trust	1			
fun	0.170785	1		
pride	0.210218	0.474397	1	
turnover	−0.15976	−0.6546	−0.54385	1

※ 엑셀에서는 jamovi나 SPSS 등 통계 전문 패키지와 달리 변수 간 상관계수만 제시될 뿐
  상관계수의 통계적 유의성에 대한 정보가 제공되지 않는다는 한계가 있다.

Chapter 9

인과관계의 설명과 예측 - 선형 회귀분석

기업D 인사팀은 직원 의견조사 결과에서 나타난 구성원들의 높은 이직의도에 대한 원인을 파악하고 적절한 대응 방안을 강구하고자 한다. (앞서 8장에서는) 의견조사를 통해 수집된 정보를 통해 구성원들의 신뢰, 동료애, 자부심, 이직의도 및 성별, 직군, 재직기간 등의 변수들에 대해 일대일 상관관계를 파악하였다. 하지만 이직 예방 대책을 수립하기 위해서는 단순한 상관을 넘어 이직의도에 영향을 미치는 요인들과 이직의도 간의 관계가 서로 원인과 결과의 관계로서 설명되어야 한다. 이때의 영향 요인들이 구성원들의 이직의도를 예측할 수 있는 가늠자가 될 것이고, 이에 대해 적절한 조치를 취했을 때 비로소 이직 감소에 영향을 미칠 수 있을 것이기 때문이다.

따라서 이직의도의 정확한 원인을 파악하고 적절한 대안을 마련하기 위해, 이직의도에 영향을 미치는 요인들과 이들의 상대적 영향력을 통계적 방법을 활용하여 살펴보고자 한다.

본 장의 시나리오에 대한 분석을 위해 다음의 통계 방법을 활용한다.

- 단순 회귀분석(simple linear regression)
- 다중 회귀분석(multiple linear regression)
- 단계적 다중 회귀분석(sequential multiple regression)

핵심 용어

- 회귀계수(regression coefficient), 표준화 회귀계수, 비표준화 회귀계수
- 통제변수(control variable), 혼재변수(confounding variable)
- 결정계수(R^2), 조정된 결정계수(adjusted R^2)
- 다중공선성(multicollinearity)

❶ 분석 목적과 방법

직원 의견조사 결과에 대한 기술통계 분석과 변수 간 상관관계 분석에 이어, 주요 관심 대상인 이직의도와 이에 영향을 미칠 것으로 보이는 변수들을 각각 종속변수와 독립변수로 하는 회귀분석에 대해 살펴본다.

1) 기본 정보 분석 - 기술통계 + 상관분석

사내 설문조사 시스템으로부터 다운로드 받은 직원 의견조사 결과 데이터를 엑셀 파일에 정리한다. 이어서 응답한 직원들의 기본 인사 정보 및 개별 조사 문항들에 대하여 평균, 표준편차 등을 살펴보고 왜도, 첨도 등을 통해 분석 데이터의 정규성을 검토하고자 한다.

이어서 일대일 대응의 방식으로 변수들 사이의 상관관계를 파악하고자 한다. 한 변수가 다른 변수에 영향을 미치는지를 알아보기 위해서는 둘 사이에 상관관계가 존재하는지에 대한 확인이 필수적으로 선행되어야 하기 때문이다. 두 변수의 상관을 확인한 이후 추가적 검토를 통해 변수 간 관계에 대한 설명과 예측을 위한 모형을 도출하고 분석할 수 있을 것이다.

회귀분석의 전 단계로서의 기술통계와 상관분석은 8장에서 이루어졌다.

2) 단일 독립변수의 종속변수에 대한 영향 분석 - 단순 회귀분석

직원 의견조사 데이터에 대한 상관분석 결과 구성원들의 이직의도는 신뢰, 동료애, 자부심 변수와 부적 상관이 있는 것으로 확인되었다. 이는 구성원들이 회사와 동료들에 대해 느끼는 신뢰, 동료애, 자부심 등이 낮아질수록 이직하고자 하는 마음이 커질 것이라는 논리적 추론으로 이어질 수 있다. 이러한 논리적 추론을 통계적으로 검증하기 위해 이직의도 종속변수에 대해 가장 상관이 높았던 동료애를 독립변수로 하는 단순 회귀분석을 시행하고자 한다. 물론 같은 방법으로 신뢰와 자부심 변수 각각에 대해서도 단순 회귀분석을 시행할 수 있다.

> 📊 **통계 개념. 단순 회귀분석**
>
> 회귀분석의 기본인 단순 회귀분석은 어느 하나의 독립변수와 종속변수의 관계를 설명하고 예측하기 위한 통계 방법이다. 다시 말해, 단순 회귀분석은 하나의 종속변수에 대해 단 하나의 독립변수를 갖는 회귀식을 분석하는 것으로, 그 단 하나의 독립변수 외에 종속변수와 관계가 있을지 모르

는 다른 변수들을 분석에 포함하지 않는다.

회귀분석 앞에 '선형(linear)'이라는 수식어가 수반되기도 하는데, 이는 독립변수와 종속변수 사이의 관계를 나타내는 직선을 의미한다. 따라서 하나의 독립변수와 하나의 종속변수를 상정하는 단순선형 회귀분석은 중학교 수학 시간에 배우는 일차방정식 $y=ax+b$와 유사한 의미를 가진다(엄밀히 말하면 선형 회귀모형에서는 측정되지 않은 오차항에 대한 고려도 필요함). 이는 사실상 상관관계 분석과 다를 것이 없는데, 실제 분석을 해보면 분석하는 데이터가 동일할 때 상관관계 분석에서의 두 변수 간 상관계수와 회귀분석에서의 종속변수에 대한 독립변수의 회귀계수가 크게 다르지 않다는 것을 알 수 있다.

3) 여러 독립변수의 종속변수에 대한 영향 분석 – 다중 회귀분석

단순 회귀분석을 통해 조직 내 동료애가 구성원의 이직의도를 예측하는 유의미한 요인인지를 살펴볼 때 "Ceteris Paribus"라는 표현을 상기할 필요가 있다. 이는 'Other things being equal'이라는 의미인데, 다른 요인의 영향을 배제한 상태에서 순수하게 하나의 독립변수가 종속변수에 미치는 영향을 파악하기 위해서는 독립변수 이외의 영향 요인(혼재변수)을 통제할 필요가 있다는 뜻이다. 여기서는 성별, 직군, 재직기간 등 이직의도에 영향을 미칠 수 있는 인구특성 변수들을 통제한 상태에서 동료애의 고유한 영향 여부를 분석하고자 하며, 이를 위해 다중 회귀분석을 실시하고자 한다.

📊 통계 개념. 다중 회귀분석

다중 회귀분석은 하나의 종속변수에 대해 여러 개의 독립변수를 포함한 회귀모형을 분석하는 방법이다. 어떤 결과를 초래하는 요인이 단 하나인 경우도 있지만 여러 요인이 함께 작용하는 경우도 많으므로 더욱 종합적인 설명과 효과적인 예측을 위해서는 이들을 함께 분석할 필요가 있는데, 이때 효과적인 방법이 다중 회귀분석이다.

또한, 관심의 대상이 되는 종속변수에 영향을 미치는 결정적인 변인을 예상했더라도 이러한 인과관계에 간섭하는 혼재변수(confounding variable)들이 있을 수 있으므로 정확한 분석을 위해서는 이들을 적절히 고려하여 통제할 필요가 있다. 만약 이들을 통제하지 않고 분석을 하게 되면 회귀모형이 통계적으로 유의미하더라도 종속변수에 변화를 일으킨 주요인이 독립변수인지 통제되지 않은 다른 요인인지 확신하기 어려울 수 있기 때문이다. 예를 들어, 구성원들의 성별이 이직의도에 상당한 영향을 미칠 수 있음에도 이를 통제하지 않고 분석을 했다면, 이직의도의 높고 낮음이 구성원 간 동료애의 영향인지 성별의 영향인지 확실히 파악하기 어렵게 된다. 따라서 성별의 영향력을 통제한 상태에서 이직의도에 대한 동료애의 효과를 분석해야 두 변수 간의 관계를 정확하게 규명할 수 있으며, 이를 위해 다중 회귀분석을 실시할 수 있다. 통상 조직 맥락에서의 분석에서는 성별, 직군, 재직기간, 학력 등과 같은 인구 특성을 통제변수로 고려하는 경우가 많다.

4) 여러 독립변수의 종속변수에 대한 영향 단계적 분석 – 단계적 회귀분석

앞서 다중 회귀분석에서는 관심을 둔 변수인 동료애와 인구 특성 변수를 한꺼번에 회귀모형에 투입하여 분석을 시행하였다. 하지만 이번에는 더욱 정교한 분석을 위해 이들을 순차적으로 회귀모형에 투입하는 단계적 다중 회귀분석을 실시하고자 한다. 다시 말해, 통제변수인 인구 특성 변수들만을 먼저 투입하고, 이어서 관심 독립변수를 투입하는 단계적 절차로 분석을 시행하고자 한다.

📊 통계 개념. 단계적 다중 회귀분석

분석의 목적에 따라 회귀모형에 포함될 변수들을 단계적으로 투입해 가며 분석하기도 하는데 이를 단계적 다중 회귀분석이라 한다. 예를 들어, 직무성과에 영향을 미치는 요인으로서 자율성과 피드백의 효과를 살펴보고자 한다면 아래 표와 같은 순서로 분석을 진행할 수 있다. 먼저 통상의 통제변수인 연령, 성별, 직군 등의 인구통계 특성을 일차적으로 투입하고, 이어서 직접적인 관심 변수는 아니나 직무성과에 영향을 미칠 것으로 보이는 직무의 중요성에 대한 인식 수준을 추가로 투입한 후, 마지막으로 연구자의 관심 변수인 자율성과 피드백을 투입함으로써 앞의 요인들을 동등화한 조건에서도 관심 변수들이 의미 있는 영향을 미치는지를 분석할 수 있다.

	독립변수	종속변수
1단계	연령, 성별, 직군	
2단계	직무 중요성 인식	직무성과
3단계	자율성, 피드백	

이처럼 단계적 분석을 할 때 변수의 투입 순서는 이론이나 논리에 근거해야 하는데, 일반적으로 통용되는 기준은 다음과 같다. 첫째, 관심의 우선순위나 중요도가 낮은 독립변수부터 투입한다. 특별히 관심을 둔 경우가 아니라면 인구 특성 정보인 성별, 직군, 재직기간 등의 통제변수들을

먼저 회귀모형에 투입한다. 둘째, 관심 변수는 아니지만 다른 연구 등을 통해 종속변수에 영향을 미칠 것으로 여겨지는 변수가 있다면 이를 투입하여 통제하고, 이어서 실제 분석하고자 하는 관심 변수를 투입한다. 셋째, 순서나 시간의 흐름이 있는 경우 이를 고려하여 변수를 투입한다. 가령, 부모의 학력과 학생의 학업성취도 변수가 졸업 이후 첫 취업에서의 급여 수준에 미치는 영향을 분석한다면 부모의 학력이 학업성취도보다 먼저 투입되어야 할 것이다. 넷째, 수리적으로 고차항은 나중에 투입되어야 한다. 예를 들어, (뒤에서 다룰) 조절효과 검증을 위해서는 독립변수들을 서로 곱하여 만들어진 상호작용항을 회귀모형에 투입하게 되는데, 이때 고차항인 상호작용항은 독립변수들을 모두 투입하고 난 뒤 투입해야 한다.

❷ 통계를 활용한 분석

분석을 위해 활용할 자료는 앞서 8장에서와 마찬가지로 <Ch.8. Opinion Survey>를 불러온다. 데이터 정리 과정에서 특별히 주의할 사항은 8장을 참고하기 바라며, 데이터 세트의 각 변수명과 내용은 다음과 같다.

<Ch.8. Opinion Survey>
열1 (ID). 사번
열2 (gender). 성별
열3 (job_M). 직군_생산직(생산직 1, 생산직 외 0으로 더미 코딩)
열4 (job_S). 직군_서비스직(서비스직 1, 서비스직 외 0으로 더미 코딩)
열5 (tenure). 재직기간
열6 (trust). 신뢰
열7 (fun). 동료애
열8 (pride). 자부심
열9 (turnover). 이직의도

8장에서와 마찬가지로 「Data」 탭의 Setup 버튼을 클릭하여 ID는 ID로, 성별(gender), 직군_생산직(job_M), 직군_서비스직(job_S)은 명목척도로, 재직기간(tenure), 신뢰(trust), 동료애(fun), 자부심(pride), 이직의도(turnover)는 연속척도로 지정한다.

1) 기본 정보 분석 - 기술통계 + 상관분석

관심 있는 변수들에 대한 회귀분석을 실시하기 위해서는 그에 앞서 평균, 표준편차 등 기본 정보의 확인과 왜도, 첨도 등을 활용한 데이터의 정규성 검토 등 기술통계 분석이 선행되어야 한다. 특히, 선형 회귀분석은 기본적으로 데이터의 정규성을 가정하고 있으므로 더미 변수 등을 제외한 모든 연속형 변수에 대해 분포의 정규성을 확인해야 한다.

또한, 회귀분석을 실시하기에 앞서 독립변수와 종속변수 및 독립변수들 상호 간의 상관관계를 검토하는 것이 일반적이다. 이를 통해 종속변수와 유의한 상관이 없는 독립변수는 회귀분석 대상에서 제외하거나, 독립변수 간 상관 강도를 토대로 다중공선성을 판단하는 등의 조치를 취할 수 있다.

기술통계와 상관분석 결과는 8장에 제시된 바 있는데, 관심 종속변수인 이직의도를 중심으로 내용을 요약하면 다음과 같다. 먼저 이직의도의 평균이 가장 높았고, 연속변수인 신뢰, 동료애, 자부심, 이직의도는 모두 정규성 가정을 충족하였다. 또한, 독립변수인 신뢰, 동료애, 자부심은 서로 정(+)의 상관관계에 있으나, 종속변수인 이직의도는 독립변수 모두와 부(−)의 상관관계에 있었으며, 독립변수 중 신뢰는 다른 변수들과 통계적으로 유의하나 강도에 있어서는 매우 약한 상관관계를 형성하고 있었다. 마지막으로 독립변수들 사이의 상관은 모두 유의하지만 매우 강하지는 않아 다중공선성의 우려는 크지 않은 것으로 잠정 판단된다.

2) 단일 예측변수의 결과변수에 대한 영향 분석 - 단순 회귀분석

구성원들 사이의 동료애가 낮아질수록 이직의도가 높아질 것이라는 추론을 통계적으로 검증하기 위해 단순 회귀분석을 실시할 수 있으며, 이를 위한 절차는 다음과 같다.

1. 「Analyses」 탭의 메뉴 중 Regression ▶ Linear Regression 클릭
2. Linear Regression 화면 좌측의 변수리스트 박스에서 종속변수인 이직의도(turnover)를 우측의 Dependent Variable(종속변수) 박스로, 동료애(fun)를 Covariates(공변인) 박스로 이동
3. 하단의 분석 기능들에 대한 선택사항은 다음과 같이 설정
- 'Model Builder' 기능은 별도로 설정하지 않음
- 'Reference Levels' 기능은 별도로 설정하지 않음
- 'Assumption Checks' 기능은 별도로 설정하지 않음
- 'Model Fit' 기능에서 Fit Measures 항목의 R, R^2 및 Overall Model Test 항목의 F test

체크

- 'Model Coefficients' 기능에서 Standardized Estimate 항목의 Standardized estimate 체크
- 'Estimated Marginal Means' 기능은 별도로 설정하지 않음
- 'Save' 기능은 별도로 설정하지 않음

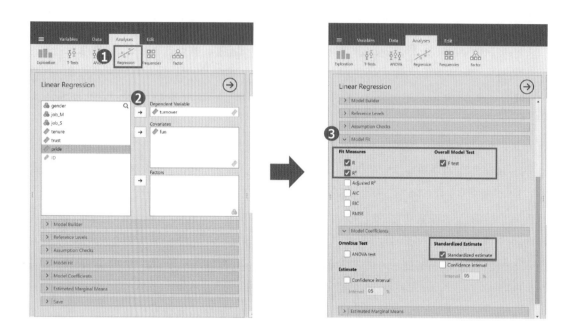

결과 창에 단순 회귀분석 결과가 제시되는데, 회귀모형은 F = 245(p < .001), 독립변수인 동료애(fun)의 회귀계수(Estimate)는 −.549(p < .001)로 모두 통계적 유의성을 가지며, 모형의 설명력(R^2)은 42.9%라는 것이 확인되었다. 하지만 이처럼 단 하나의 독립변수와 종속변수를 활용한 분석은 현상을 너무 단순화시키는 한계가 있어, 종속변수에 영향을 미칠 것으로 보이는 변수들에 대한 통제를 고려한 다중 회귀분석을 시행할 필요가 있다.

Model Fit Measures

Model	R	R^2	Overall Model Test			
			F	df1	df2	p
1	0.655	0.429	245	1	327	<.001

Model Coefficients - turnover

Predictor	Estimate	SE	t	p	Stand. Estimate
Intercept	7.337	0.1657	44.3	<.001	
fun	−0.549	0.0350	−15.7	<.001	−0.655

3) 여러 예측변수의 결과변수에 대한 영향 분석 - 다중 회귀분석

동료애뿐만 아니라 이직의도에 영향을 미칠 수 있는 인구 특성인 성별, 직군, 재직기간 변수까지 포함하는 분석을 위해 다중 회귀분석을 실시할 수 있으며, 이를 위한 절차는 다음과 같다. 여기서 종속변수 이외의 변수들이 모두 독립변수 위치에 일거에 투입되지만, 엄밀히 말해 성별, 직군, 재직기간은 통제변수로 투입되는 것임을 유념할 필요가 있다.

1. 「Analyses」 탭의 메뉴 중 Regression ▶ Linear Regression 클릭
2. Linear Regression 화면의 좌측 변수리스트 박스에서 종속변수인 이직의도(turnover)를 우측의 Dependent Variable(종속변수) 박스로, 동료애(fun)와 재직기간(tenure), 성별(gender), 직군_생산직(job_M), 직군_서비스직(job_S)을 Covariates(공변인) 박스로 이동 - 범주형 변수들을 더미 처리하였으므로 독립변수들을 모두 Covariates로 이동하였음
3. 하단의 분석 기능들에 대한 선택사항은 다음과 같이 설정
- 'Model Builder' 기능은 별도로 설정하지 않음
- 'Reference Levels' 기능은 별도로 설정하지 않음
- 'Assumption Checks' 기능에서 Collinearity statistics(다중공선성) 체크
- 'Model Fit' 기능에서 Fit Measures 항목의 R, R^2 및 Overall Model Test 항목의 F test 체크
- 'Model Coefficients' 기능에서 Standardized Estimate 항목의 Standardized estimate 체크
- 'Estimated Marginal Means' 기능은 별도로 설정하지 않음
- 'Save' 기능은 별도로 설정하지 않음

 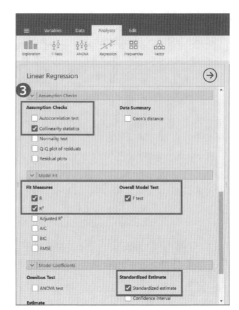

선형 회귀분석은 종속변수는 연속형 변수여야 하지만 독립변수는 연속형 변수와 범주형 변수 모두 분석에 포함할 수 있다. 하지만 범주형 변수는 더미 코딩을 통해 선형 분석에 더욱 적합하도록 변환한 후 분석을 진행하는 것이 바람직하다. 여기에서도 분석에 앞서 범주형 변수인 성별과 직군을 더미 코딩을 통해 선형화하였으므로 이들을 동료애와 재직기간 등 연속형 변수와 동일하게 Covariates 박스로 이동하여 분석을 진행하였다. 참고로, jamovi는 독립변수로 연속형 변수와 범주형 변수를 구분하여 투입할 수 있게 되어 있다. 가령 Linear Regression 화면의 Covariates 박스에는 연속형 변수에 해당하는 동료애와 재직기간 변수를 이동시키고, 범주형 변수에 해당하는 성별, 직군은 Factors 박스로 이동시켜 분석을 진행해도 결과는 동일하게 도출된다.

결과 창에 다중 회귀분석 결과가 제시되는데, 이는 다음의 순서로 해석할 수 있다.

■ Model Fit Measures

회귀분석 모형의 적합도를 보기 위한 단계로 R과 R^2 및 F와 유의확률 등의 값이 제시된다. 먼저, 성별, 직군, 재직기간 및 동료애가 이직의도에 미치는 영향에 대해 분석하는 회귀모형은 F값 50.4, 유의확률 <.001로 유의수준 .001에서 통계적으로 유의하다. 또한, R은 포함된 변수들 사이의 상관을 나타내고, R^2(결정계수)는 종속변수의 총분산을 독립변수들이 설명하는 정도

를 의미한다. 여기서는 이직의도의 총분산 가운데 43.8%를 독립변수들이 설명하고 있다고 해석할 수 있다.

Model Fit Measures

Model	R	R^2	Overall Model Test			
			F	df1	df2	p
1	0.662	0.438	50.4	5	323	⟨.001

■ Model Coefficients

종속변수인 이직의도에 대한 독립변수들의 회귀계수와 유의성이 제시된다. 여기서 Estimate는 비표준화 회귀계수, t는 회귀계수/표준오차로 계산되는 가설 검정을 위한 통계량, p는 유의확률을 의미한다. 분석 결과를 보면 동료애 변수의 회귀계수(Estimate)는 −.561으로 통계적으로 유의미하게 나타났는데(t = −15.772, p<.001), 이를 회귀방정식을 이용하여 해석하면 동료애 인식이 1만큼 증가할 때 이직의도가 약 0.56만큼 감소한다고 볼 수 있다. 물론 회귀계수가 통계적으로 유의미하지 않은 다른 독립변수들에 대해서는 이러한 해석을 할 수 없다.

Model Coefficients - turnover

Predictor	Estimate	SE	t	p	Stand. Estimate
Intercept*	7.26649	0.18208	39.907	⟨.001	
fun	-0.56079	0.03561	-15.772	⟨.001	-0.6691
tenure	0.00716	0.00701	1.022	0.308	0.0434
gender: 1-0	-0.03921	0.08280	-0.474	0.636	-0.0396
job_M: 1-0	0.18323	0.09398	1.950	0.052	0.1850
job_S: 1-0	0.08954	0.11239	0.797	0.426	0.0904

*Represents reference level

다중공선성 문제 검토를 위한 통계치로 분산팽창인자(variance inflation factor, VIF)와 공차한계(tolerance)가 제시된다. VIF 분석 결과 동료애 1.03, 근속기간 1.04, 성별 1.01, 직군(job_M) 1.16, 직군(job_S) 1.14로 모두 일반적 기준인 10에 미치지 않았으므로 독립 및 통제변수들 사이의 다중공선성 문제는 없는 것으로 볼 수 있다.

Collinearity Statistics

	VIF	Tolerance
fun	1.03	0.966
tenure	1.04	0.962
gender	1.01	0.994
job_M	1.16	0.862
job_S	1.14	0.881

4) 여러 예측변수의 결과변수에 대한 영향 단계적 분석 - 단계적 회귀분석

앞에서는 변수들을 모두 한꺼번에 회귀모형에 투입하였으나, 더욱 정교한 분석을 위해 이번에는 변수들을 단계적으로 투입하는 단계적 회귀분석을 시행하고자 한다. 이를 위해 먼저 통제변수만 투입하고 이어서 독립변수를 투입하는 순서로 진행하며, 이를 위한 절차는 다음과 같다.

1. 「Analyses」 탭의 메뉴 중 Regression ▶ Linear Regression 클릭
2. Linear Regression 화면의 좌측 변수리스트 박스에서 종속변수인 이직의도(turnover)를 우측의 Dependent Variable(종속변수) 박스로, 신뢰(trust), 동료애(fun), 자부심(pride), 재직기간(tenure)을 Covariates(공변인) 박스로, 성별(gender), 직군_생산직(job_M), 직군_서비스직(job_S)을 Factors(요인) 박스로 이동 - 여기서는 독립변수들을 원래의 척도에 따라 Covariates와 Factors로 구분하여 이동해 보았으며, 이들을 모두 Covariates로 이동하더라도 결과는 (범주형 변수들의 표준화 회귀계수에 미세한 차이가 있는 것을 제외하고) 동일하게 도출됨
3. 'Model Builder' 기능을 클릭하여 다음과 같이 설정
* 먼저 1단계 투입을 위해 통제변수에 해당하는 성별(gender), 직군_생산직(job_M), 직군_서비스직(job_S), 재직기간(tenure)을 Blocks 박스의 Block 1로 이동
* 이어서 2단계 투입을 위해 Add New Block 버튼을 활용하여 Block 2를 생성한 후 관심 독립변수인 신뢰(trust), 동료애(fun), 자부심(pride)을 Block 2로 이동

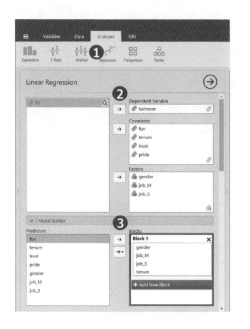 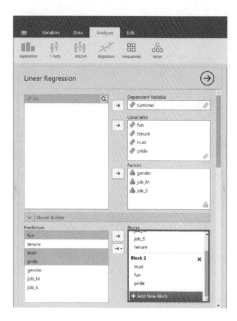

4. 하단의 분석 기능들에 대한 선택사항은 다음과 같이 설정
- 'Reference Levels' 기능에서 범주형 변수들의 기준값을 설정할 수 있으나 여기에서는 이미 더미 변환을 하였으므로 별도의 조치 필요 없음(더미 변수들은 0으로 부호화한 수준이 기준값임)
- 'Assumption Checks' 기능에서 Collinearity statistics(다중공선성) 체크
- 'Model Fit' 기능에서 이미 체크된 Fit Measures 항목의 R, R^2 및 Adjusted R, Overall Model Test 항목의 F test 체크
- 'Model Coefficients' 기능에서 Standardized Estimate 항목의 Standardized estimate 체크
- 'Estimated Marginal Means' 기능은 별도로 설정하지 않음
- 'Save' 기능은 별도로 설정하지 않음

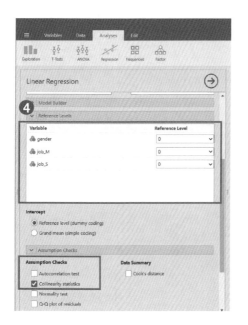 

✏️ **Tips**

범주형 변수는 분석에 앞서 더미화하여 코딩하는 것이 바람직하지만, 만약 하지 않았다면 여기 Reference Levels 기능에서 기준값을 반드시 지정해 주어야 한다. 기준값은 0으로 설정되는데 만약 이를 1로 변경하고자 한다면 여기에서 변경하여 지정해 주면 된다. 대신 분석 결과 해석은 0을 기준값으로 한 경우와 정반대로 해야 한다는 점에 유의해야 한다.

결과 창에 단계적 다중 회귀분석 결과가 제시되는데, 이는 다음의 순서로 해석할 수 있다.

■ Model Fit Measures

성별, 직군, 재직기간 등 통제변수만 투입한 첫 번째 회귀모형(Model 1) 분석 결과 F = .455, p = .769로 나타나 통계적으로 유의하지 않았고, Model 1에 신뢰, 동료애, 자부심 등 독립변수를 추가로 투입한 회귀모형(Model 2)은 F = 46.322, p < .001로 유의수준 .001에서 유의미한 결과가 도출되었다. 이는 통제변수들은 종속변수에 유의한 영향을 미치지 않고 추가한 독립변수들(신뢰, 동료애, 자부심) 중 하나 이상의 변수가 유의한 영향을 미치고 있다고 볼 수 있다. 또한, Model 2의 결정계수(R^2)는 .503으로 종속변수 총 분산의 약 50%를 이 모형에 포함된

독립변수들이 설명하고 있음을 알 수 있다. 참고로, 모형에 투입되는 독립변수의 수가 늘어날수록 R^2가 증가하는 경향이 있으므로 다중 회귀분석에서는 조정된 결정계수(Adjusted R^2)를 함께 살펴보는 것이 바람직하다(성태제, 2019).

■ Model Comparisons

모형 비교(Model Comparisons) 결과에서는 모형 1과 모형 2 사이의 R^2의 변화량이 제시되는데, 여기서는 Model 2가 Model 1보다 약 49.7%만큼 설명력이 증가하였음을 알 수 있다. 즉, Model 1에서 투입된 변수들이 종속변수의 분산을 설명한 것에 더해 Model 2에서 투입된 변수들이 추가적으로 49.7%를 설명하였음을 의미한다. 또한, 분석 결과는 이러한 변화량이 통계적으로 유의미한지를 검증한 결과도 제시하는데, 여기서는 설명력의 변화량 49.7%가 유의수준 .001에서 통계적으로 유의미하다는 것이 확인되었다. 회귀계수의 결과를 확인하기 전에 이러한 설명력의 변화량만으로도 Model 2에 추가된 독립변수들이 상당히 유의미한 변수들일 것이라는 점을 짐작할 수 있다.

Model Fit Measures

Model	R	R^2	Adjusted R^2	Overall Model Test			
				F	df1	df2	p
1	0.0747	0.00558	−0.00669	0.455	4	324	0.769
2	0.7089	0.50252	0.49168	46.322	7	321	〈.001

Model Comparisons

Comparison		$\triangle R^2$	F	df1	df2	p
Model	Model					
1	− 2	0.497	107	3	321	〈.001

✏️ **Tips**

신뢰, 동료애, 자부심은 앞 장의 상관분석에서 서로 상관이 매우 강하지 않았고 다중공선성(#더 알아보기 1. 참조) 통계치에도 문제가 없었기 때문에 하나의 회귀모형에 투입되어 분석될 수 있었다. 만약 매우 강한 상관을 보인 변수들이 있었거나 다중공선성 측정값이 우려스러운 수준이었다면 변수들을 한꺼번에 모형에 투입하지 않고 한 개씩 번갈아 추가 투입하며 모형 간 설명력을 비교하는 것이 더 바람직했을 것이다. 정리하면, 변수들을 한꺼번에 회귀모형에 투입한다면 제시되는 표준화 회귀계수들을 통해 변수들의 영향력을 비교할 수 있으나, 분리해서 분석할 때는 이것이 불가하므로 설명력의 변화량을 비교하는 것이 대안이 될 수 있다. 만약 여기 사례에서 독립변수들에 다중공선성의 문제가 있었다면, 통제변수들만 투입한 Model 1을 기점으로 신뢰, 동료애, 자부심을 하나씩만 추가 투입한 모델들(Model 2-1, Model 2-2, Model 2-3)의 설명력을 비교하는 방식으로 변수들의 상대적 영향력을 살펴볼 수 있었을 것이다.

■ Model Coefficients

다음의 첫 번째 표는 Model 1, 두 번째 표는 Model 2의 분석 결과이다. Model 1에서는 통계적으로 유의미한 회귀계수가 발견되지 않았으나, Model 2에서는 동료애와 자부심의 회귀계수가 통계적으로 유의미한 것이 확인된다. 또한, 이들의 회귀계수를 통해 다른 변수들이 통제되었을 때 동료애가 1만큼 증가하면 이직의도는 .440만큼 감소하고, 자부심이 1만큼 증가하면 이직의도는 .307만큼 감소한다는 것을 알 수 있다. Model 2에서 절편(Intercept)도 유의한 것으로 확인되는데, 회귀모형 내 독립변수들이 완벽에 가깝게 종속변수의 분산을 설명하지 않는 한 절편도 대부분 유의미하게 나타난다.

한편, 여러 독립변수를 한꺼번에 모형에 투입한 경우 표준화 회귀계수(Standard Estimate)를 통해 종속변수에 미치는 독립변수들의 상대적인 효과 크기를 비교할 수 있다. 여기에서는 통계적으로 유의한 변수들 중 표준화 회귀계수가 더 큰 동료애($-.525$)가 자부심($-.293$)보다 상대적 영향력이 크다고 할 수 있다.

Model Coefficients - turnover (Model 1)

Predictor	Estimate	SE	t	p	Stand. Estimate
Intercept	4.80462	0.12454	38.578	<.001	
gender: 1-0	0.06246	0.10966	0.570	0.569	0.0631
job_M: 1-0	0.07334	0.12450	0.589	0.556	0.0740
job_S: 1-0	0.14230	0.14923	0.954	0.341	0.1437
tenure	−0.00678	0.00924	−0.734	0.463	−0.0411

Model Coefficients - turnover (Model 2)

Predictor	Estimate	SE	t	p	Stand. Estimate
Intercept	8.05337	0.25296	31.83618	⟨.001	
gender: 1-0	-0.00768	0.07832	-0.09807	0.922	-0.00775
job_M: 1-0	0.08862	0.09024	0.98203	0.327	0.08947
job_S: 1-0	0.04827	0.10646	0.45338	0.651	0.04873
tenure	0.00716	0.00666	1.07546	0.283	0.04344
trust	-1.40e-4	0.04252	-0.00330	0.997	-1.35e-4
fun	-0.44034	0.03865	-11.39441	⟨.001	-0.52541
pride	-0.30692	0.04808	-6.38405	⟨.001	-0.29251

✐ **Tips**

보통 단순 회귀분석에서는 비표준화 회귀계수(Estimate 또는 B)를 활용하여 결과를 해석한다. 하지만 다중 회귀분석에서는 투입되는 변수들의 척도가 다를 수 있고, 그럴 때 비표준화 회귀계수를 통해 변수 간 비교를 한다면 오류를 수반하게 된다. 따라서 이런 경우에는 각 변수의 값을 Z점수로 표준화하여 산출한 표준화 회귀계수(Standardized estimate 또는 β)를 활용해야 하며, 이를 통해 각 독립변수가 종속변수에 미치는 상대적인 영향력의 크기를 비교할 수 있다.

■ Collinearity Statistics

다중공선성 문제 검토를 위한 통계치로 분산팽창인자(variance inflation factor, VIF)와 공차한계(tolerance)가 제시된다. 분석 결과 모든 변수의 VIF 값이 일반적 기준인 10보다 작고 공차한계 값도 0.1보다 크게 나왔으므로 독립변수 간 다중공선성 문제는 없는 것으로 볼 수 있다.

Collinearity Statistics

	VIF	Tolerance
gender	1.01	0.990
job_M	1.20	0.833
job_S	1.14	0.875
tenure	1.05	0.950
trust	1.08	0.928
fun	1.37	0.729
pride	1.35	0.738

　분석 결과를 종합해 볼 때, 인구 통계적 요소와 신뢰 변수는 직원들의 이직의도에 별다른 영향이 없었던 반면, 동료애와 자부심 변수는 유의미한 영향을 미치고 있었으며, 이 중 동료애의 영향력이 상대적으로 더 크다는 점이 확인되었다. 따라서 기업D는 이직률 감소를 위해 구성원들 사이의 동료애를 증진하고 개개인의 자부심을 강화하기 위한 제도와 프로그램을 마련해 시행할 필요가 있을 것이다. 이처럼 통계를 적절히 활용할 수 있다면 짐작이나 경험을 넘어 데이터에 기반한 더욱 효과적인 문제 분석과 의사결정이 가능해질 것이다.

더 알아보기 1

　복수의 독립변수를 포함한 회귀모형으로 종속변수를 설명할 때 독립변수들 사이의 상관은 강하지 않고, 종속변수와 각 독립변수 간 상관은 강하면 효과적인 모형이라고 볼 수 있다. 반대로 독립변수들 사이의 상관이 높으면 회귀모형의 분석과 해석에 어려움을 초래하는데, 이러한 현상을 다중공선성이라 한다. 독립변수들 사이의 높은 상관관계가 회귀계수의 분산을 증가시키고 이로 인해 추정된 회귀계수를 신뢰하기 어려운 상황이 발생하는 것이다. 따라서 다중공선성이 의심되면 문제를 일으키는 독립변수를 제거하는 등의 방법으로 이를 해소하여야 한다.

　다중공선성의 존재 여부는 독립변수들 사이의 상관계수를 통해 어느 정도 유추할 수 있지만, VIF와 공차한계라는 통계값을 통해 더욱 편리하게 검토할 수 있다. 공차한계 값은 VIF 값의 역수로 이 둘은 결국 차이가 없는 개념인데, 일반적으로 이들 모두 1에 가까울수록 문제가 없는 반면 VIF가 10보다 크면(또는 공차한계가 0.1보다 작으면) 다중공선성 문제가 의심된다고 본다.

더 알아보기 2

이번 장에서 살펴본 회귀분석은 엑셀의 **데이터 분석** 도구를 통해서도 수행할 수 있다. 여기에서는 <Ch.8. Opinion Survey> 데이터 세트를 활용한 단순 회귀분석과 다중 회귀분석 방법을 소개한다.

■ 단순 회귀분석

독립변수 fun(동료애)의 종속변수 turnover(이직의도)에의 영향에 대한 단순 회귀분석 방법은 다음과 같다.

1. 「**데이터**」탭에서 **데이터 분석** 도구 클릭
2. 팝업된 **통계 데이터 분석** 대화상자에서 '회귀 분석' 선택

3. 팝업된 '회귀 분석' 대화상자에서 입력 범위 지정, 이름표, 신뢰수준 및 출력 범위 지정
- Y축 입력 범위(Y): turnover의 자료 영역 전체 마우스 드래그($I$1:$I$330)
- X축 입력 범위(X): fun의 자료 영역 전체 마우스 드래그($G$1:$G$330)
- 이름표: 이름표 체크
- 신뢰수준(F): 95% 지정
- 출력 범위 지정: 새로운 워크시트 체크

위 순서로 진행하면 다음과 같이 분석 결과가 제시된다. jamovi로 분석한 결과와 대조해 보면 (소수점 위치 등을 제외하고) 서로 정확히 일치한다는 것을 알 수 있다.

요약 출력

회귀분석 통계량	
다중 상관계수	0.654602
결정계수	0.428504
조정된 결정계수	0.426757
표준 오차	0.749909
관측수	329

분산 분석

	자유도	제곱합	제곱 평균	F 비	유의한 F
회귀	1	137.882	137.882	245.1829	1.25E-41
잔차	327	183.893	0.562364		
계	328	321.7751			

	계수	표준 오차	t 통계량	P-값	하위 95%	상위 95%	하위 95.0%	상위 95.0%
Y 절편	7.336657	0.165726	44.26969	3.7E-140	7.010633	7.662682	7.010633	7.662682
fun	−0.54861	0.035037	−15.6583	1.25E-41	−0.61754	−0.4799	−0.61754	−0.4799

■ 다중 회귀분석

데이터 세트에서 ID를 제외한 모든 변수를 독립변수로 투입하여 종속변수 turnover(이직의도)에의 영향을 살펴보기 위한 다중 회귀분석 방법은 다음과 같다(독립변수들의 범위를 지정하는 것 외에는 바로 위 단순 회귀분석에서의 절차와 동일하여 이미지 캡처는 제시하지 않았음).

1. 「데이터」 탭에서 데이터 분석 도구 클릭
2. 팝업된 통계 데이터 분석 대화상자에서 '회귀 분석' 선택
3. 팝업된 '회귀 분석' 대화상자에서 입력 범위 지정, 이름표, 신뢰수준 및 출력 범위 지정

- Y축 입력 범위(Y): turnover의 자료 영역 전체 마우스 드래그($I$1:$I$330)
- X축 입력 범위(X): 모든 독립변수의 자료 영역 전체 마우스 드래그($B$1:$H$330)
- 이름표: 이름표 체크
- 신뢰 수준(F) 95% 지정
- 출력 범위 지정: 새로운 워크시트 체크

위 순서로 진행하면 다음과 같이 분석 결과가 제시된다. 본 장의 jamovi 분석은 trust(신뢰)와 pride(자부심) 변수를 분석에 포함하지 않았으나 여기에서는 이들을 포함한 모든 변수를 포함하였다. jamovi에서 모든 변수를 투입하여 다중회귀분석을 하더라도 결과는 서로 정확히 일치한다는 것을 알 수 있을 것이다.

요약 출력

회귀분석 통계량	
다중 상관계수	0.708889
결정계수	0.502523
조정된 결정계수	0.491675
표준 오차	0.706171
관측수	329

분산 분석

	자유도	제곱합	제곱 평균	F 비	유의한 F
회귀	7	161.6995	23.0999	46.32236	3.94E-45
잔차	321	160.0756	0.498678		
계	328	321.7751			

	계수	표준 오차	t 통계량	P-값	하위 95%	상위 95%
Y 절편	8.053366	0.252963	31.83618	2.4E-101	7.555692	8.551041
gender	-0.00768	0.078316	-0.09807	0.921941	-0.16176	0.146398
job_M	0.08862	0.090241	0.982034	0.326823	-0.08892	0.26616
job_S	0.048265	0.106457	0.453377	0.650584	-0.16118	0.257707
tenure	0.007163	0.00666	1.075465	0.282974	-0.00594	0.020266
trust	-0.00014	0.042516	-0.0033	0.997366	-0.08379	0.083506
fun	-0.44034	0.038645	-11.3944	1.74E-25	-0.51637	-0.36431
pride	-0.30692	0.048076	-6.38405	6.04E-10	-0.40151	-0.21234

Chapter 10

인과관계의 설명과 예측 - 로지스틱 회귀분석

시나리오

기업D 인사팀은 '이직의도'에 영향을 미치는 요인들에 대한 회귀분석에서 한발 더 나아가, 이러한 영향 요인들이 '실제 이직'에 영향을 미치는지 분석하고자 한다. 이를 위해 전년도 직원 의견조사 결과와 당시 조사에 참여했던 직원의 현재 시점에서의 재직과 퇴직 여부를 연결한 데이터 세트를 만들어 이를 토대로 회귀분석을 시행하기로 하였다. 하지만 분석에 앞서 이직의도는 설문에서 1에서 5 사이의 연속변수로 조사된 반면 실제 이직 여부는 퇴직 대 재직이라는 두 가지의 경우로만 구분된다는 점, 즉 종속변수의 속성이 연속형 변수가 아닌 범주형 변수이므로 선형 회귀분석이 적절치 않다는 점이 지적되었다.

따라서 실제 이직에 영향을 미치는 요인들을 직원 의견조사 결과와 어떻게 관련지어 설명할 것인지, 종속변수가 재직 대 퇴직 등으로 양분되는 범주형 변수인 경우의 회귀분석은 어떻게 수행할 것인지 살펴보고자 한다.

본 장의 시나리오에 대한 분석을 위해 다음의 통계 방법을 활용한다.

- 기술통계
- 이항 로지스틱 회귀분석(binomial logistic regression)

핵심 용어

- 이항 로지스틱 회귀분석, 다항 로지스틱 회귀분석, 다중 이항 로지스틱 회귀분석
- 우도비(likelihood ratio)
- 승산비(odds ratio)

❶ 분석 목적과 방법

작년도 직원 의견조사 데이터를 토대로 어떠한 요인이 구성원들의 재직(또는 퇴직)에 영향을 미치는지, 유의한 요인들의 영향력의 크기는 상대적으로 어떠한지 로지스틱 회귀분석을 활용하여 살펴본다.

1) 기본 정보 분석 - 기술통계

사내 설문조사 시스템으로부터 작년에 시행한 직원 의견조사 결과 데이터를 다운로드 받아 엑셀 파일에 정리하고, 인사시스템을 통해 당시 조사에 참여한 직원들의 현재 재직/퇴직 현황을 확인하여 변수로 추가한다.

이어서 평균, 표준편차, 왜도, 첨도 등의 통계값을 통해 변수들에 대한 기본 정보와 정규성을 확인하고자 한다.

2) 연속형 독립변수의 범주형 종속변수에 대한 영향 분석 - 로지스틱 회귀분석

앞에서는 연속형 척도로 측정된 이직의도라는 종속변수에 대해 동료애 등 연속형 독립변수들의 영향을 선형 회귀분석을 통해 분석하였다. 하지만 여기서는 퇴직과 재직의 두 가지 경우로 구분되는 범주형 척도의 종속변수에 대한 연속형 독립변수들의 영향을 살펴보고자 한다. 이를 위해 범주형 자료를 종속변수로 하는 로지스틱 회귀분석, 특히 종속변수의 범주가 퇴직과 재직으로 구분되는 이분형 변수(dichotomous variable)라는 점에서 이항 로지스틱 회귀분석을 시행하고자 한다.

📊 통계 개념. 로지스틱 회귀분석

로지스틱 회귀분석은 종속변수가 범주형일 때 적용되는 통계 방법이다. 특히, 종속변수의 범주가 퇴직/재직, 합격/불합격, 구매/비구매 등 이분형인 경우에는 이항 로지스틱 회귀분석, 종속변수가 양분되지 않고 셋 이상의 범주를 갖는 경우는 다항 로지스틱 회귀분석(multinomial logistic regression)을 적용한다. 단, 다항 로지스틱 회귀분석은 상대적으로 사용이 덜 되는 편이며, 보통 로지스틱 회귀분석이라 하면 이항 로지스틱 회귀분석을 의미하는 경우가 많다.

이항 로지스틱 회귀분석의 예로 성과급제를 시행하는 영업사원의 연봉이 이들의 재직/퇴직에 미치는 영향을 예측하는 경우를 생각할 수 있다. 이때 로지스틱 회귀분석을 시행하면 연봉이 적을수록 퇴직이 많고 연봉이 많을수록 퇴직이 적은(재직이 많은) 현상이 발견될 수 있다. 이를 개념적으로 도식화하면 아래 첫 번째 그래프와 같은데 종속변수가 범주형 데이터이기 때문에 선형회귀 형식으로 이해하기에 무리가 있다. 따라서 종속변수를 '재직 여부'가 아닌 '재직 확률'로 대체하여 생각해 볼 수 있는데, 그러면 아래 두 번째 그래프 형태의 경향이 발견될 수 있고 두 변수 사이의 영향 관계를 더욱 명료하게 이해할 수 있게 된다.

그런데 여기서 문제는 두 번째 그래프의 산포를 선형 회귀분석으로 예측하면 연속변수인 연봉이 증가함에 따라 연속변수로 대체된 Y축의 재직 확률이 100%를 넘어 계속 증가하는 불합리한 상황이 발생할 수 있다는 점이다. 따라서 로지스틱 회귀분석에서는 Y를 단순 확률이 아닌 어떤 사건이 발생할 확률(p)을 발생하지 않을 확률(1-p)에 대한 비율로 나타내는 승산비(odds ratio = p / 1-p)의 개념을 활용한다. 즉, 승산비를 활용하여 영업사원의 연봉(독립변수)에 따른 재직(종속변수)의 승산을 예측하게 된다.

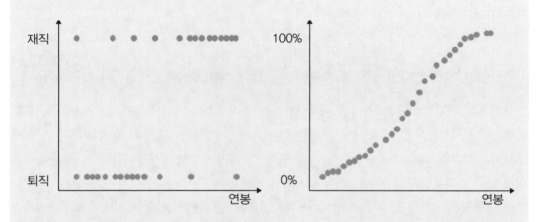

jamovi를 활용한 로지스틱 회귀분석에서의 통계적 유의성 검정은 Z값을 활용한다. 선형 회귀분석에서 회귀계수에 대한 t값의 유의확률을 살펴보았다면, 로지스틱 회귀분석에서는 Z값의 유의확률을 확인하면 된다. 또한, 승산비를 활용하여 복수의 독립변수 중 상대적으로 가장 큰 영향력을 나타낸 독립변수가 어떤 것인지 확인할 수 있다.

덧붙여서, 다항 로지스틱 회귀분석을 다중 로지스틱 회귀분석과 혼동하지 않도록 주의해야 한다. 다중 로지스틱 회귀분석은 복수의 독립변수가 투입되는 로지스틱 회귀분석을 의미하는데, 실제 분석에서는 하나의 종속변수에 대한 여러 독립변수의 영향을 살펴보는 경우가 많으므로 다중 이항 로지스틱 회귀분석이 빈번하게 활용된다.

❷ 통계를 활용한 분석

분석을 위한 자료의 준비 절차는 다음과 같다. 먼저 작년도 직원 의견조사 결과를 엑셀 파일에 정리한다. 이어 재직 여부라는 새로운 변수 열을 추가하고, 작년도 의견조사에 참여한 구성원들의 현재 시점에서의 재직 여부를 퇴직은 0, 재직은 1로 코딩한 후 <Ch.10. Logistic>으로 저장한다.

✎ Tips

분석 결과를 어떻게 해석할 것인지에 따라 퇴직을 1, 재직을 0으로 코딩할 수도 있다. 위와 같이 재직을 1로 코딩하였다면 회귀계수의 양의 부호는 재직 확률이 높음을 의미하고, 반대로 퇴직을 1로 코딩하였다면 회귀계수의 양의 부호는 퇴직 확률이 높음을 의미한다. 이처럼 코딩을 어떻게 했는지에 따라 해석이 정반대로 달라지므로 주의해야 한다.

jamovi에서 <Ch.10. Logistic> 파일을 ≡ ▶ Open ▶ This PC ▶ Browse의 순서로 불러온 후, 분석에 앞서 「Data」 탭의 Setup 버튼을 클릭하여 데이터 척도를 지정한다. 여기에서는 ID는 ID로, 성별(gender), 직군_생산직(job_M), 직군_서비스직(job_S) 및 재직 여부(incumbent)는 명목척도로, 재직기간(tenure), 신뢰(trust), 동료애(fun), 자부심(pride)은 연속척도로 지정한다.

<Ch.10. Logistic>
열1 (ID). 사번
열2 (gender). 성별
열3 (job_M). 직군_생산직(생산직 1, 생산직 외 0으로 더미 코딩)
열4 (job_S). 직군_서비스직(서비스직 1, 서비스직 외 0으로 더미 코딩)
열5 (tenure). 재직기간
열6 (trust). 신뢰
열7 (fun). 동료애
열8 (pride). 자부심
열9 (incumbent). 재직여부(퇴직 0, 재직 1)

---

1) 기본 정보 분석 - 기술통계

분석 자료에 대한 기술통계 분석과 상관분석은 앞에서와 같은 방법으로 하면 된다. 그런데 여기서는 재직 여부 변수가 추가되었고 이 변수가 종속변수이므로 재직/퇴직 여부에 따라 독립변수들의 평균, 표준편차 등에 차이가 있는지도 확인해보는 것이 필요하며, 이를 위한 분석 절차는 다음과 같다.

1. 「Analyses」 탭의 메뉴 중 Exploration ▶ Descriptives 클릭
2. Descriptives 화면 좌측의 변수리스트 박스에서 성별(gender), 직군_생산직(job_M), 직군_서비스직(job_S), 재직기간(tenure), 신뢰(trust), 동료애(fun), 자부심(pride) 변수를 우측 Variables 박스로 이동
3. 변수리스트 박스에서 재직 여부(incumbent) 변수를 우측 Split by 박스로 이동
4. 하단의 'Statistics' 기능을 클릭하여 기술통계 정보인 N(사례수), Missing(결측치), Mean(평균), Median(중위수), Minimum(최소값), Maximum(최대값), Std. deviation(표준편차), Skewness(왜도), Kurtosis(첨도) 체크

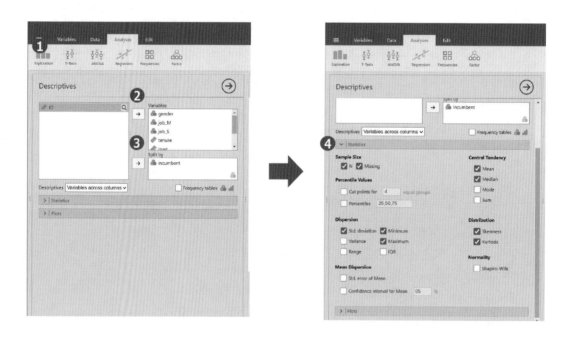

제시된 결과를 통해 작년 조사에 참여한 직원 중 현재 시점에서의 퇴직자(0으로 표시)는 49명, 재직자(1로 표시)는 280명인 것을 알 수 있다. 또한, 신뢰, 동료애, 자부심 변수에 대한 두 그룹의 평균에는 차이가 있는데, 전반적으로 재직자보다 퇴직자들의 평균 점수가 상당히 낮은 경향을 나타냈다.

Descriptives

		incumbent	gender	job_M	job_S	tenure	trust	fun	pride
N	0	49	49	49	49	49	49	49	49
	1	280	280	280	280	280	280	280	280
Missing	0	0	0	0	0	0	0	0	0
	1	0	0	0	0	0	0	0	0
Mean	0	0.449	0.347	0.163	6.90	3.67	2.88	3.35
	1	0.489	0.332	0.189	9.65	4.21	4.83	4.47
Median	0	0	0	0	5	4	3	3
	1	0.00	0.00	0.00	11.0	4.00	5.00	4.00
Standard deviation	0	0.503	0.481	0.373	5.10	0.944	0.949	0.830
	1	0.501	0.472	0.392	6.07	0.908	1.01	0.811
Minimum	0	0	0	0	1	2	1	2
	1	0	0	0	1	2	2	2
Maximum	0	1	1	1	19	5	6	5
	1	1	1	1	21	7	7	7
Skewness	0	0.212	0.664	1.88	0.771	−0.372	0.863	−0.0569
	1	0.0431	0.717	1.59	0.0672	0.215	−0.382	0.125
Std. error skewness	0	0.340	0.340	0.340	0.340	0.340	0.340	0.340
	1	0.146	0.146	0.146	0.146	0.146	0.146	0.146
Kurtosis	0	−2.04	−1.63	1.60	−0.482	−0.662	1.94	−0.593
	1	−2.01	−1.50	0.548	−1.20	0.467	−0.0578	0.344
Std. error kurtosis	0	0.668	0.668	0.668	0.668	0.668	0.668	0.668
	1	0.290	0.290	0.290	0.290	0.290	0.290	0.290

2) 연속형 독립변수의 범주형 종속변수에 대한 영향 분석 – 로지스틱 회귀분석

구성원의 재직 여부에 조직문화 요소인 신뢰, 동료애, 자부심 변수가 유의한 영향을 미치는지 살펴보기 위해 이항 로지스틱 회귀분석을 시행하고자 한다. 특히, 개인 특성에 해당하는 성별, 직군, 재직기간 등의 영향도 있을 수 있어 이들을 통제변수로 먼저 투입하고 이어서 관심 독립변수를 투입하는 단계적 분석을 진행하고자 하며, 이를 위한 절차는 다음과 같다.

1. 「Analyses」 탭의 메뉴 중 Regression ▶ Logistic Regression ▶ 2 Outcomes Binomial 클릭

2. Binomial Logistic Regression 화면 좌측의 변수리스트 박스에서 종속변수인 재직 여부(incumbent)를 우측의 Dependent Variable(종속변수) 박스로, 신뢰(trust), 동료애(fun), 자부심(pride), 재직기간(tenure)을 Covariates(공변인) 박스로, 그리고 성별(gender), 직군_생산직(job_M), 직군_서비스직(job_S)을 Factors(요인) 박스로 이동

3. 'Model Builder' 기능을 클릭하여 다음과 같이 설정

• 먼저 1단계 투입을 위해 통제변수에 해당하는 성별(gender), 직군_생산직(job_M), 직군_서비스직(job_S), 재직기간(tenure)을 Blocks 박스의 Block 1로 이동

• 이어서 2단계 투입을 위해 Add New Block 버튼을 활용하여 Block 2를 생성한 후 관심 독립변수인 신뢰(trust), 동료애(fun), 자부심(pride)을 Block 2로 이동

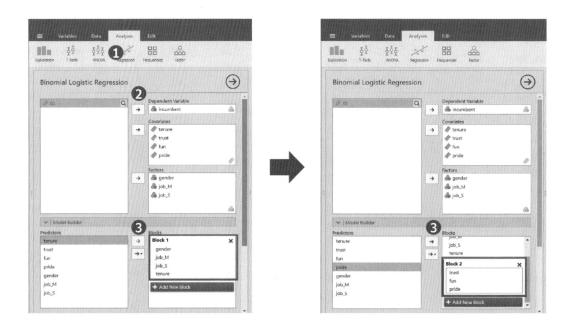

4. 하단의 분석 기능들에 대한 선택사항은 다음과 같이 설정

• 'Reference Levels' 기능에서 범주형 변수들의 기준값을 설정할 수 있으나 여기에서는 이미 더미 변환을 하였으므로 별도의 조치 필요 없음

• 'Assumption Checks' 기능에서 Collinearity statistics(다중공선성) 체크

• 'Model Fit' 기능의 Fit Measures 항목에서 Deviance, AIC 및 Overall model test 체크, Pseudo R^2 항목에서 McFadden's R^2 체크

• 'Model Coefficients' 기능에서 우도비를 구하기 위해 Omnibus Tests 항목의 Likelihood

ratio tests 체크, 승산비를 구하기 위해 Odds Ratio 항목의 Odds ratio 체크
- 'Estimated Marginal Means' 기능은 별도로 설정하지 않음
- 'Prediction' 기능의 Predictive Measures 항목에서 Classification table, Accuracy, Specificity, Sensitivity 체크
- 'Save' 기능은 별도로 설정하지 않음

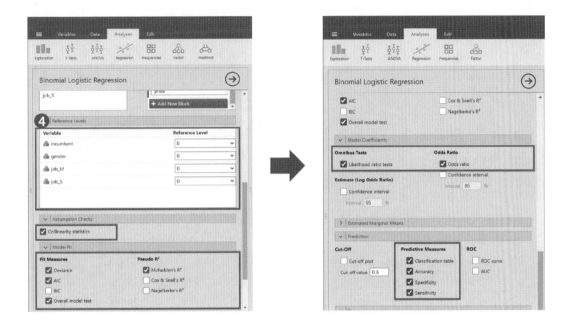

결과 창에 구성원의 재직/퇴직에 영향을 미치는 요인을 분석한 다중 이항 로지스틱 회귀분석 결과가 제시되는데, 이는 다음의 순서로 해석할 수 있다.

■ Model Fit Measures

성별, 직군, 재직기간 등 통제변수만 투입한 첫 번째 로지스틱 회귀모형(Model 1)은 분석 결과 $x^2=9.96$, p=.041로 나타나 .05 수준에서 통계적으로 유의하고, Model 1에 신뢰, 동료 애, 자부심 등 독립변수를 추가로 투입한 회귀모형(Model 2) 또한 $x^2=143.66$, p<.001로 유 의미한 결과가 도출되었다. 이는 Model 1과 Model 2 모두에서 적어도 하나 이상의 통제 및 독립변수가 종속변수에 대해 유의한 영향을 미치고 있다는 점을 보여준다. 하지만 여기서 핵심 은 어떤 모형을 선택할 것인지의 문제인데, 두 모형 모두 통계적으로 유의하나 관심 독립변수 를 포함하고 있을 뿐만 아니라 (유사) 설명력도 51.88%로 월등히 높은 Model 2를 더욱 적합한

모형으로 판단할 수 있다.

Model Fit Measures

| Model | Deviance | AIC | R^2_{McF} | Overall Model Test | | |
				x^2	df	p
1	267	277	0.0360	9.96	4	0.041
2	133	149	0.5188	143.66	7	<.001

✎ **Tips**

- jamovi에서 Deviance로 제시되는 값은 -2 log likelihood(−2LL) 값이고, 독립변수가 투입되지 않은 절편 모형(또는 기초 모형)의 −2LL과 분석하고자 하는 독립변수를 투입한 연구 모형의 −2LL 간의 차이를 나타내는 값이 카이제곱 값이다. 따라서 위 결과에서 모형 1의 카이제곱 값 9.96은 절편 모형의 −2LL에서 모형 1의 -2LL 값인 267을 뺀 값이고, 모형 2의 카이제곱 값 143.66은 절편 모형의 −2LL에서 모형 2의 −2LL 값인 133을 뺀 값이다. 이들 카이제곱 값의 유의도를 통해 모형의 통계적 유의성을 판단한다.

- 여기서는 Model 1이 Model 2에 내재되어(Model 1의 모든 변수가 Model 2에 포함) 있으므로 모형 적합도 검정에 x^2를 사용하였지만, 만약 그렇지 않다면 AIC 값을 활용할 수 있다. 이때 여러 모형 중 AIC 값이 작을수록 더 좋은 모형이라고 알려져 있는데, (편의상 위 표의 Model 1과 2가 내재 관계가 아니라면) Model 1의 AIC 값이 277, Model 2의 값은 149로 나타나 Model 2가 더 적합한 모형이라고 할 수 있다.

- jamovi는 Pseudo R^2(유사 R^2) 기능 아래 Mcfadden의 R제곱(R^2McF), Cox와 Snell의 R제곱 (R^2CS) 및 Nagelkerke의 R제곱(R^2N)을 체크할 수 있게 되어 있다. 이들은 로그우도함수 값으로 계산해 나온 결정계수인데, 선형 회귀분석에서 결정계수(R^2)가 중요한 의미를 가졌던 것과 달리 로지스틱 회귀분석에서는 모형 평가를 위해 참고하는 수준에서 검토하면 된다.

■ Model Comparisons

여기서는 같은 데이터 세트에 있는 변수들을 통제변수와 독립변수로 묶은 후 이들을 2단계에 걸쳐 추가하는 방식으로 분석을 진행하였다. 이처럼 앞의 모형(성별, 직군, 재직기간을 포함한 Model 1)이 다음의 모형(Model 1의 변수들을 포함한 상태에서 신뢰, 동료애, 자부심 변수를 추가한 Model 2)에 내재되어(nested) 있는 경우에는 두 모형의 Deviance(−2LL) 차이 값으로 카이제곱 검정을 함으로써 모형 간 비교를 통해 더 적합한 모형을 찾을 수 있다. 아래 Model Comparisons 표에 제시된 바와 같이 Model 1의 Deviance 267에서 Model 2의 Deviance 133을 뺀 카이제곱 값은 134이고 이는 .001 수준에서 통계적으로 유의미하므로 Model 2가 더 좋은 모형임을 알 수 있으며, 앞서 모형 적합도 분석과 일치하는 결과를 보인다. 참고로, 모형 비교에 있어서는 보다 간명한 모형을 더 적합한 모형으로 보는 것이 일반적이며, 따라서 만약 여기서 카이제곱 값이 유의하지 않았다면 Model 1이 더 적은 독립변수를 가진 간명한 모형이므로 이를 더 좋은 모형이라 판단하게 될 수도 있었을 것이다.

Model Comparisons

Comparison		x^2	df	p
Model	Model			
1	– 2	134	3	⟨.001

■ Omnibus Likelihood Ratio Tests

로지스틱 회귀분석에서 우도비 검정(likelihood ratio tests)은 로지스틱 회귀계수와 함께 독립변수의 유의성을 검정하는 방법으로 활용된다. Model 2에 대한 우도비 검정 결과 재직기간 (tenure), 동료애(fun), 자부심(pride)이 통계적으로 유의한 것으로 확인되었다.

Omnibus Likelihood Ratio Tests

Predictor	x^2	df	p
gender	0.0485	1	0.826
job_M	1.0082	1	0.315
job_S	1.2202	1	0.269
tenure	6.5391	1	0.011
trust	2.8610	1	0.091
fun	57.6502	1	⟨.001
pride	12.8000	1	⟨.001

■ Model Coefficients

일반적으로 로지스틱 회귀분석에서 모형 내 독립변수의 통계적 유의성은 분석 결과로 제시된 Z값의 유의확률로 확인하게 된다. 다음 Model Coefficients 표에 제시된 분석 결과도 앞서 우도비 검정 결과에서와 마찬가지로 재직기간(tenure), 동료애(fun), 자부심(pride)이 통계적으로 유의한 것으로 나타났다.

Tips

로지스틱 회귀계수보다 우도비가 더 신뢰롭고 검정력이 높으며, 따라서 이들 검정 결과에 차이가 있으면 우도비 검정 결과를 따르는 것이 좋다는 의견도 있다(박광배, 2003). 하지만 만약 둘 사이에 차이가 있다면 단순히 어느 하나를 택할 것이 아니라 모형 자체에 대해 다시 한번 검토하는 것이 더욱 바람직할 것이다.

Model Coefficients - incumbent

Predictor	Estimate	SE	Z	p	Odds ratio
Intercept	−10.938	1.8461	−5.925	〈 .001	1.78E−05
gender: 1−0	0.100	0.4562	0.220	0.826	1.106
job_M: 1−0	−0.524	0.5224	−1.004	0.315	0.592
job_S: 1−0	0.759	0.7103	1.069	0.285	2.137
tenure	0.108	0.0443	2.446	0.014	1.114
trust	0.442	0.2694	1.641	0.101	1.556
fun	1.562	0.2636	5.927	〈 .001	4.769
pride	1.024	0.3095	3.309	〈 .001	2.784

Note. Estimates represent the log odds of "incumbent = 1" vs. "incumbent = 0"

    로지스틱 회귀분석에서 회귀계수의 해석은 계수 그 자체로가 아닌 승산비로 해석해야 한다. 양(+)의 부호를 갖는 회귀계수는 다른 독립변수들을 통제했을 때 독립변수의 값이 1단위 증가하면 종속변수에서 1로 코딩된 경우가 0으로 코딩된 경우보다 $e^{회귀계수}$만큼 증가한다는 것을 의미한다. 예를 들어, 동료애(fun) 변수의 회귀계수는 1.562이므로 동료애가 1만큼 높은 직원이 재직할 확률은 퇴직할 확률보다 $e^{1.562} = 4.769$배만큼 높다고 예측할 수 있으며, 이를 승산비(odds ratio)라 한다. 승산비를 통해 독립변수들의 상대적 영향력을 비교할 수 있는데, 여기에서는 통계적으로 유의한 재직기간, 동료애, 자부심 변수 중 동료애가 승산비 4.769로 이직에 가장 큰 영향을 미치는 것으로 해석할 수 있다.

Tips

위의 분석 결과에서 직군 변수는 통계적으로 유의하지 않았고, 따라서 이에 대한 별도의 해석은 무의미하다. 하지만, 만약 직군 변수 job_M(생산직)의 회귀계수인 –0.524가 통계적으로 유의미하게 나타났다면 (사무직이 참조집단이고 재직이 1로 코딩되었으므로) 생산직이 사무직에 비해 재직할 확률이 낮다고 할 수 있다. 또한, 해당 변수의 승산비가 0.592로 1보다 작으므로 생산직의 재직 승산은 사무직에 비해 바람직하지 않은 상황으로 해석할 수 있을 것이다.

■ Collinearity Statistics

다중공선성 문제 검토를 위한 통계치로 분산팽창인자(variance inflation factor, VIF)와 공차한계(tolerance)가 제시된다. 분석 결과 모든 변수의 VIF 값이 일반적 기준인 10보다 작고 공차한계 값도 0.1보다 크게 나왔으므로 독립변수 간 다중공선성 문제는 없는 것으로 볼 수 있다.

Collinearity Statistics

	VIF	Tolerance
gender	1.02	0.979
job_M	1.15	0.869
job_S	1.11	0.900
tenure	1.20	0.833
trust	1.17	0.855
fun	1.11	0.904
pride	1.18	0.847

■ Classification Table과 Accuracy

분류표(Classification Table)에서는 0으로 코딩된 퇴직자와 1로 코딩된 재직자에 대한 독립변수들의 예측치와 실제 관찰치를 보여주는데, 여기서는 0으로 코딩된 퇴직자의 61.2%, 1로 코딩된 재직자의 97.9% 수준으로 예측과 실제가 일치하였음을 알 수 있다. 이는 예측치 (Predictive Measures) 표의 특정도(Specificity)와 민감도(Sensitivity) 수치에서도 재차 확인 되며, 전체적으로는 92.4%의 예측 정확도(Accuracy)를 보인 것이다.

Classification Table - incumbent

Observed	Predicted		% Correct
	0	1	
0	30	19	61.2
1	6	274	97.9

Note. The cut−off value is set to 0.5

Predictive Measures

Accuracy	Specificity	Sensitivity
0.924	0.612	0.979

Note. The cut−off value is set to 0.5

분석 결과를 종합해 볼 때, 인구 통계적 요소인 성별, 직군, 근속기간을 고려한(통제한) 상태 에서 로지스틱 회귀분석을 시행한 결과 3개의 독립변수 중 신뢰 변수는 직원들의 퇴직에 영향 이 없었던 반면, 동료애와 자부심 변수는 유의미한 영향을 미치고 있었으며, 이 중 동료애의 영향력이 상대적으로 더 크다는 점이 확인되었다.

더 알아보기

로지스틱 회귀분석 결과를 해석할 때 자연 상수의 의미를 함께 음미한다면 도움이 될 수 있다. e는 자연 상수(natural constant)로서 약 2.718의 값을 가지므로, 자부심 변수를 예로 들면 $e^{1.024}$은 $(2.718)^{1.024}$으로 계산하면 약 2.784가 된다. 물론 jamovi로 분석을 할 때 Model Coefficients 항목에서 Odds ratio 옵션을 선택해주면 2.784라는 수치는 분석 결과에서 해당 변수의 승산비(Odds ratio)로 제시되므로, 별도로 계산을 할 필요가 없다. 여기서는 자연 상수의 계산 과정을 엑셀을 이용해서 확인하고자 하며 이를 통해 로지스틱 회귀분석 결과의 해석을 이해하는 데 도움이 되었으면 한다.

다음 예시된 엑셀 화면에서 첫 행은 2의 제곱이 4임을 가리킨다(D열에서 산출된 값들에 반영된 수식은 E열에 표시된 내용 참고). 두 번째 행은 본 장에서 살펴본 회귀모형의 자부심 변수에 대한 내용이고, 세 번째 행은 회귀모형의 부호가 플러스가 아닌 마이너스인 경우와 비교하기 위해 포함시켰다. 즉, 회귀계수가 1.024이라면 약 2.784배만큼 재직 확률이 증가한다. 하지만 회귀계수가 −1.024이라면 약 0.359배만큼 재직 확률이 증가하는데, 이는 1배를 기준으로 상대적으로 재직할 확률이 낮다는 것을 의미한다.

	A	B	C	D	E
1		2	2	4	=B1^C1
2		2.718	1.024	2.784014	=B2^C2
3		2.718	−1.024	0.359194	=B3^C3

여기에 더하여 그래프를 통해 시각적으로 분석 결과를 이해해 볼 수도 있다. 이러한 그래프는 jamovi 로지스틱 회귀분석의 Estimated Marginal Means 기능에서 Add New Term을 클릭한 후 변수를 추가하고 Marginal means plots를 선택하면 확인할 수 있다. 통계적 유의성이 확인된 동료애와 자부심 변수를 예로 들자면, 이들 변수에 대한 인식 수준이 증가할수록 재직하게 될 확률이 증가하고 특히 동료애의 증가에 따라 재직 승산이 가파르게 높아지는 것을 시각적으로 확인할 수 있다.

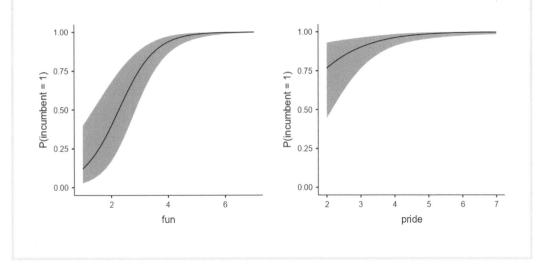

Part 5

좀 더 정교하고 수준 높은 통계

조직에 속한 사람들의 인식과 태도는 다양한 요소들로부터 영향을 받는데, 많은 경우 이러한 영향 관계는 단선적이아닌 보다 복잡한 관계와 구조 속에서 나타난다. 특정 결과가 어떤 한두 요인의 직접적인 영향에 의해 초래된다기보다, 그 요인으로부터 영향을 받는 제3의 요인을 거쳐 결과로 이어질 수도 있고, 그 요인과 상호작용하는 제4의요인으로 인해 결과의 강도가 달라질 수도 있는 것이다. 또한, 이러한 영향 관계의 분석에 앞서 살펴보고자 하는요인들이 제대로 측정된 것인지 점검하는 것도 빼놓을 수 없는 절차일 것이다. 고장난 저울로 잰 몸무게를 믿을수 없듯이, 애초에 잘못된 도구로 측정한 것들을 분석해 본들 그 결과를 신뢰할 수 없을 것이기 때문이다. 이처럼문제 상황을 분석할 때는 깊이 있는 현상 이해와 다양한 고려사항의 검토가 필요하며, 이렇게 했을 때 비로소 효과적이고 정교한 개입 전략의 수립이 가능할 것이다.

지금까지 여러 기초통계 방법에 대해 살펴보았다면, 이제 그 토대 위에서 더욱 정교하고 수준 높은 분석을 시도해볼 시간이다. 조금 더 복잡한 것은 사실이지만 한 차원 높은 통찰을 제공해 줄 것이기 때문이다. 조직에서 일어나는 다양한 문제들의 메커니즘을 이해하고 해결하는 데 통계가 큰 힘이 되어줄 것이다.

Chapter 11

인과관계의 정교한 설명과 예측 - 매개효과 분석

시나리오

인사팀A는 앞서 9장에서 회귀분석을 통해 동료애와 자부심 등이 이직의도를 설명하는 변수가 될 수 있음을 확인한 바 있다. 그런데 얼마 전 모 대학의 교수와 만나 이런저런 이야기를 나누던 중, 가령 동료애가 이직의도에 영향을 미치는 과정에서 중간의 연결고리 같은 것이 있을 수 있다는 의견을 들었다. 이직의도라는 변수는 원거리 결과에 해당하고 그보다 앞서 동료애와 이직의도의 관계에서 이들을 매개하는 변수들이 존재할 수 있다는 것이다. 그리고 그러한 매개 역할을 하는 변수로 구성원들의 직무만족과 조직몰입 등이 있을 수 있다고 하였다. 결국, 구성원 간 동료애가 좋아지면 이들의 이직의도가 감소할 것이라는 단조로운 이해를 넘어, 이들 사이에서 역할과 의미를 갖는 또 다른 변수를 고려하여 더욱 정교한 분석을 시도해 보기로 하였다.

이제 인사팀 A는 동료애라는 독립변수와 이직의도라는 종속변수의 관계 속에 직무만족이나 조직몰입을 매개변수로 고려한 수준 높은 회귀분석을 시행하고자 한다.

본 장의 시나리오에 대한 분석을 위해 다음의 통계 방법을 활용한다.

- 기술통계
- 상관분석
- 매개효과(mediation effect) 분석

핵심 용어

- 매개변수
- 완전매개, 부분매개
- 직접효과, 간접효과, 총효과
- 소벨 검정(Sobel test)
- 붓스트래핑(bootstrapping)

❶ 분석 목적과 방법

현상을 설명하거나 예측하는 데 있어 지금까지 다루어온 것보다 조금은 더 복잡하지만 여러 변수들 사이의 관계를 다각적으로 분석하는 방법들이 있다. 이러한 방법의 하나로 회귀분석을 활용한 매개효과 분석이 있는데, 여기서는 동료애와 이직의도 사이에서 직무만족의 매개효과를 살펴보고자 한다.

1) 기본 정보 분석 - 기술통계 + 상관분석

직원 의견조사 결과 데이터를 정리한 후 개별 조사 문항들에 대하여 평균, 표준편차 등을 살펴보고 왜도, 첨도 등을 통해 분석 데이터의 정규성을 검토한다. 또한, 매개효과 분석에 앞서 관심 변수인 동료애, 직무만족, 이직의도 사이의 상관관계를 살펴본다.

2) 변수들 사이의 정교한 영향 관계 파악 - 매개효과 분석

구성원들과의 동료애가 좋으면 이직하고자 하는 마음이 덜할 것 같기는 하지만 "왜" 또는 "어떻게" 그러는지 설명하기에는 다소 부족한 면이 있다. 아마도 동료애가 좋아지면 회사에서 하는 일도 더 만족스러워지고, 그러다 보니 이직하고 싶은 생각도 줄어드는 것이 아닌지 생각해 볼 수 있을 것이다. 따라서 동료애라는 독립변수가 어떻게 이직의도에 영향을 미치는지 직무만족을 매개변수로 설정하여 통계적으로 분석해 보고자 한다.

※ 이 장을 학습한 후, 제공된 데이터 세트에 포함된 조직몰입 변수의 매개효과도 살펴볼 것을 권한다.

📊 통계 개념. 매개효과 분석

독립변수가 종속변수에 영향을 미치는 과정에 개입하는 변수를 매개변수라 하고, 이 매개변수가 독립과 종속변수 사이에서 수행하는 역할을 매개효과라 한다. 따라서, 독립변수와 종속변수 및 매개변수를 포함하는 관계 모형을 설정하여 매개효과를 분석하는데, 이를 위한 통계적 절차는 다음과 같다(서영석, 2010; Baron & Kenny, 1986).

첫째, 독립변수와 종속변수의 관계가 통계적으로 유의미해야 한다. 다음 그림에서 경로 c가 통계적으로 유의해야 함을 의미하는데, 중간에 또 다른 변수가 일정한 역할을 한다는 점을 감안하면 애초에 두 변수 간에 인과관계가 있어야 함은 당연한 것이기도 하다.

둘째, 독립변수와 매개변수의 관계가 통계적으로 유의미해야 한다. 아래 그림에서 경로 a가 통계적으로 유의미해야 함을 의미하며, 매개변수인 직무만족을 종속변수로 하고 동료애를 독립변수로 한 회귀분석을 통해 확인한다.

셋째, 독립변수가 종속변수에 미치는 영향을 통제한 상태에서, 매개변수가 종속변수에 통계적으로 유의미한 영향을 미쳐야 한다. 아래 그림에서 경로 b가 통계적으로 유의미해야 함을 의미하며, 동료애와 이직의도를 각각 독립변수와 종속변수로 설정한 첫 단계에서의 분석모형에 직무만족을 추가 투입한 회귀분석을 통해 확인한다.

넷째, 앞서 셋째 단계에서의 독립변수의 회귀계수(c′)가 첫째 단계에서의 독립변수의 회귀계수(c)와 달리 통계적으로 유의미하지 않거나, 유의미하더라도 회귀계수의 크기가 줄어야 한다(회귀계수의 절대값이 작아짐). 특히, 첫째의 분석에서 통계적으로 유의미했던 독립변수의 회귀계수가 매개변수를 포함한 셋째 분석 결과에서 더이상 통계적으로 유의하지 않으면 완전매개, 여전히 유의하지만 회귀계수의 절대값이 줄어든 경우 부분매개효과가 있다고 판단한다.

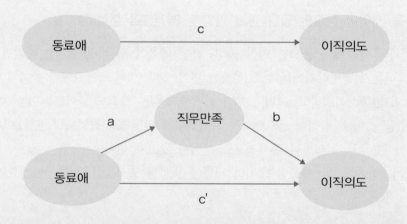

특히, 첫 번째와 두 번째의 분석 결과 확인은 매개효과 분석에 있어 필요조건에 해당한다. 즉, 이 두 분석 결과가 모두 충족되지 않으면 세 번째와 네 번째의 분석은 의미가 없다. 또한, 세 번째와 네 번째의 분석은 별도의 분석모형이 아닌 하나의 모형에서 확인하게 되어 있다. 독립변수와 매개변수가 동시에 분석모형에 투입된 상태에서 매개변수의 회귀계수가 통계적으로 유의미한지를 판단함과 동시에(셋째 단계), 이때 독립변수의 종속변수에 대한 회귀계수가 매개변수 투입 전인 첫 번째 모형에서의 회귀계수에 비추어 어떤 변화가 있었는지를 확인한다(넷째 단계).

덧붙여서, 매개효과를 분석할 때도 일반적인 다중 회귀분석과 마찬가지로 통제변수들을 함께 분석해줘야 한다. 변수 하나만을 넣고 분석한 결과로는 단순 상관분석과 다를 바 없어 해석에 한계가 있기 때문이다.

❷ 통계를 활용한 분석

분석을 위해 데이터를 엑셀 파일에서 정리한 후 <Ch.11. Mediator>로 저장한다. 이렇게 준비된 데이터 세트의 각 변수명과 내용은 다음과 같고, 열2의 성별과 3–4까지의 직군 변수는 더미 처리된 것이다.

<Ch.11. Mediator>
열1 (ID). 사번
열2 (gender). 성별
열3 (job_M). 직군_생산직(생산직 1, 생산직 외 0으로 더미 코딩)
열4 (job_S). 직군_서비스직(서비스직 1, 서비스직 외 0으로 더미 코딩)
열5 (tenure). 재직기간
열6 (trust). 신뢰
열7 (fun). 동료애
열8 (pride). 자부심
열9 (turnover). 이직의도
열10 (satisfaction). 직무만족
열11 (commitment). 조직몰입

jamovi에서 <Ch.11. Mediator> 파일을 ≡ ▶ Open ▶ This PC ▶ Browse의 순서로 불러온 후, 분석에 앞서 「Data」 탭의 Setup 버튼을 클릭하여 데이터 척도를 지정한다. 여기에서는 ID는 ID로, gender, job_M, job_S 변수는 명목척도로, tenure, trust, fun, pride, turnover, satisfaction, commitment 변수는 연속척도로 지정한다.

1) 기본 정보 분석 - 기술통계 + 상관분석

본격적인 매개효과 분석에 앞서 기술통계와 상관분석 등을 시행한다.

■ 기술통계

분석의 첫 단계로 변수들의 평균, 표준편차 등 기본 정보와 데이터의 정규성을 검토해야 하며, 이를 위한 분석 절차는 다음과 같다.

1. 「Analyses」 탭의 메뉴 중 Exploration ▶ Descriptives 클릭
2. 기술통계 화면의 좌측 변수리스트 박스에서 gender, job_M, job_S, tenure, trust, fun, pride, turnover, satisfaction 변수를 우측 Variables 박스로 이동
3. 하단의 'Statistics' 기능을 클릭하여 N(데이터 개수), Missing(결측치), Mean(평균), Median(중간값), Std. deviation(표준편차), Minimum(최소값), Maximum(최대값) 외에 Skewness(왜도), Kurtosis(첨도) 체크

기술통계 분석의 결과는 다음과 같으며, 정규성 확인을 위해 왜도와 첨도 값을 검토한 결과 모든 연속변수들의 왜도와 첨도의 절대값이 0에 가까워 정규성을 확보하고 있음이 확인되었다.

Descriptives

	gender	job_M	job_S	tenure	trust	fun	pride	turnover	satisfaction
N	329	329	329	329	329	329	329	329	329
Missing	1	1	1	1	1	1	1	0	0
Mean	0.483	0.337	0.188	9.24	4.13	4.58	4.28	4.86	3.30
Median	0	0	0	9	4	5	4	5	3
Standard deviation	0.500	0.474	0.392	6.01	0.952	1.18	0.944	0.958	1.05
Minimum	0	0	0	1	1	1	1	2	1
Maximum	1	1	1	21	7	7	7	7	6
Skewness	0.0672	0.691	1.60	0.171	−0.00830	−0.456	−0.300	0.0255	0.0878
Std. error skewness	0.134	0.134	0.134	0.134	0.134	0.134	0.134	0.134	0.134
Kurtosis	−2.01	−1.53	0.565	−1.19	0.544	−0.209	0.707	0.653	0.113
Std. error kurtosis	0.268	0.268	0.268	0.268	0.268	0.268	0.268	0.268	0.268

■ 상관분석

이어서 매개효과 분석을 위한 주요 변수인 동료애, 직무만족, 이직의도에 대해 피어슨 상관계수(r)를 이용하여 상관분석을 실시하고자 하며, 이를 위한 절차는 다음과 같다.

1. 「Analyses」 탭의 메뉴 중 Regression ▶ Correlation Matrix 클릭
2. Correlation Matrix 화면의 좌측 변수리스트 박스에서 fun, turnover, satisfaction 변수를 우측 박스로 이동
3. 하단의 Correlation Coefficients 항목에서 Pearson, Additional Options 항목에서 Report Significance와 Flag significant correlations, Hypothesis 항목에서 Correlated 체크

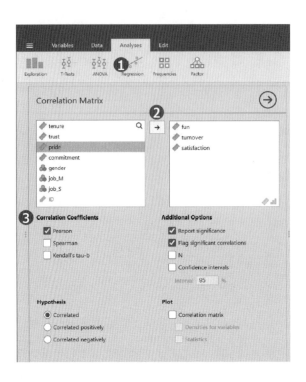

결과 창에 상관분석 매트릭스가 제시되는데, 독립변수인 동료애와 매개변수로 고려된 직무만족은 서로 유의미한 정(+)적 상관인 반면, 종속변수인 이직의도는 이들 두 변수 모두와 통계적으로 유의미한 부(−)적 상관관계를 가진 것으로 나타났다.

Correlation Matrix

		fun	turnover	satisfaction
fun	Pearson's r	−		
	p-value	−		
turnover	Pearson's r	−0.622[***]	−	
	p-value	⟨.001	−	
satisfaction	Pearson's r	0.451[***]	−0.767[***]	−
	p-value	⟨.001	⟨.001	−

Note. * p < .05, ** p < .01, *** p < .001

2) 변수들 사이의 정교한 영향 관계 파악 - 매개효과 분석

동료애가 이직의도에 미치는 영향에 있어 직무만족의 매개효과를 분석하는 회귀분석은 동료애를 독립변수, 이직의도를 종속변수, 직무만족을 매개변수로 설정하여 다음의 절차로 수행한다.

- 1단계. 독립변수 → 매개변수에 대한 분석
- 2단계. 독립변수 → 종속변수에 대한 분석
- 3단계. 독립변수와 매개변수 동시에 투입 → 종속변수에 대한 분석

단, 2단계와 3단계 분석은 회귀분석의 'Model Builder' 기능을 활용하여 독립변수와 매개변수의 관계를 분석하는 모형1 및 독립변수와 매개변수를 함께 투입하여 종속변수와의 관계를 분석하는 모형2로 구분하여 한 번에 진행한다.

✎ Tips

여기서 제시한 분석의 1, 2, 3단계 절차는 본 장의 초반에 제시한 매개효과 분석의 논리적 순서와 다소 차이가 있는 것처럼 보인다. 이는 분석의 흐름과 해석의 편의성을 고려한 것으로, 어떤 순서로 하더라도 결과의 차이는 없다. 따라서 논리적 순서를 먼저 정확히 이해한 후, 실제 분석 시에는 여기에서 진행되는 절차를 따르면 더욱 효과적일 것이다.

■ 분석 1단계

독립변수인 동료애와 매개변수인 직무만족에 대한 회귀분석의 절차는 다음과 같다(범주형 변수인 성별과 직군, 연속형 변수인 재직기간을 통제변수로 함께 투입).

1. 「Analyses」 탭의 메뉴 중 Regression ▶ Linear Regression 클릭
2. Linear Regression 화면의 좌측 변수리스트 박스에서 satisfaction을 우측의 Dependent Variable 박스로, fun과 tenure는 Covariates 박스로, gender, job_M, job_S는 Factors 박스로 이동
3. 하단의 분석 기능들에 대한 선택사항은 다음과 같이 설정
- 'Model Builder' 기능은 별도로 설정하지 않음
- 'Reference Levels' 기능은 별도로 설정하지 않음

- 'Assumption Checks' 기능에서 Collinearity statistics 체크
- 'Model Fit' 기능에서 Fit Measures 항목의 R, R^2 체크 및 Overall Model Test 항목의 F test 체크
- 'Model Coefficients' 기능에서 Standardized estimate 체크
- 'Estimated Marginal Means' 기능은 별도로 설정하지 않음
- 'Save' 기능은 별도로 설정하지 않음

■ 분석 2, 3단계

독립변수와 종속변수의 영향 관계(2단계)와 독립 및 매개변수와 종속변수의 영향 관계(3단계)를 분석하기 위한 절차는 다음과 같다(범주형 변수인 성별과 직군, 연속형 변수인 재직기간을 통제변수로 함께 투입).

1. 「Analyses」 탭의 메뉴 중 Regression ▶ Linear Regression 클릭
2. Linear Regression 화면 좌측 창의 변수리스트에서 종속변수인 turnover를 우측의 Dependent Variable 박스로, fun, satisfaction, tenure는 Covariates 박스로, gender, job_M, job_S는 Factors 박스로 이동

3. 하단의 'Model Builder' 기능을 다음과 같이 설정
- 먼저 2단계 분석을 위해 독립변수인 fun과 통제변수들인 gender, job_M, job_S, tenure를 Block 1로 이동
- 이어서 3단계 분석을 위해 Add New Block 버튼을 활용하여 Block 2를 생성한 후 매개변수인 satisfaction을 Block 2로 이동
4. 하단의 분석 기능들에 대한 선택사항은 1단계 분석에서와 동일하게 설정

✏️ Tips

2단계와 3단계 분석을 위해 각각의 모형에 대해 별개의 회귀분석을 시행할 수도 있다. 하지만 2단계와 3단계 분석모형 간 설명력의 변화(ΔR^2)에 대한 통계적 검정을 위해 여기에서처럼 'Model Builder' 기능을 사용하여 한 번에 분석하는 것이 더 효과적이다.

회귀분석 결과를 해석하는 방법은 9장에서 상세하게 다루었으므로, 이번 장에서는 회귀계수를 중심으로 해석하기로 한다(1, 2, 3단계 분석 모형 모두 통계적으로 유의하였고 다중공선성의 문제도 없는 것으로 확인되었음).

■ Model Coefficients

첫 번째 표는 매개변수인 직무만족(satisfaction)을 종속변수로, 동료애(fun)를 독립변수로
회귀분석을 실시한 1단계 분석 결과인데, 동료애의 회귀계수는 .401이고 .001 수준에서 통계적
으로 유의한 것으로 나타났다. 따라서 동료애가 높아질수록 직무만족의 수준도 높아진다고 할
수 있으며, 동료애가 1만큼 증가할 때 직무만족은 대략 .401만큼 증가한다고 해석할 수 있다.

Model Coefficients - satisfaction

Predictor	Estimate	SE	t	p	Stand. Estimate
Intercept*	1.46353	0.22845	6.406	⟨.001	
fun	0.40149	0.04461	9.000	⟨.001	0.4532
tenure	0.00352	0.00880	0.401	0.689	0.0202
gender: 1-0	0.07808	0.10389	0.752	0.453	0.0746
job_M: 1-0	-0.12461	0.11791	-1.057	0.291	-0.1190
job_S: 1-0	-0.14259	0.14101	-1.011	0.313	-0.1362

*Represents reference level

두 번째 표는 이직의도를 종속변수로, 동료애를 독립변수로 회귀분석을 실시한 2단계 분석
결과인데, 회귀계수는 −.510이고 .001 수준에서 통계적으로 유의한 것으로 나타났다. 따라
서 동료애가 높아질수록 이직의도가 낮아진다고 할 수 있으며, 동료애가 1만큼 증가할 때 이
직의도는 대략 .510만큼 감소한다고 해석할 수 있다.

Model Coefficients - turnover(Model 1)

Predictor	Estimate	SE	t	p	Stand. Estimate
Intercept	7.1362	0.18310	38.97437	⟨.001	
fun	-0.5099	0.03575	-14.25977	⟨.001	-0.6292
tenure	3.70e-5	0.00705	0.00524	0.996	2.32e-4
gender: 1-0	0.0153	0.08327	0.18348	0.855	0.0160
job_M: 1-0	0.1549	0.09450	1.63954	0.102	0.1618
job_S: 1-0	0.0128	0.11302	0.11300	0.910	0.0133

*Represents reference level

세 번째 표는 이직의도를 종속변수로, 동료애와 직무만족을 모두 독립변수로 투입한 3단계 회귀분석 결과인데, 두 변수가 모두 이직의도에 대해 통계적으로 유의한 부(−)적 효과를 가진 것으로 나타났다. 특히, 동료애는 2단계와 마찬가지로 여전히 이직의도에 대해 유의미한 부(−)적 효과를 나타냈으나 그 크기는 감소하였는데(2단계 B = −.510, 3단계 B = −.285), 이는 직무만족이 동료애와 이직의도 간의 관계를 부분적으로 매개하였다는 것을 의미한다.

Model Coefficients – turnover(Model 2)

Predictor	Estimate	SE	t	p	Stand. Estimate
Intercept	7.95557	0.13932	57.103	<.001	
fun	−0.28508	0.02866	−9.947	<.001	−0.3518
tenure	0.00201	0.00505	0.398	0.691	0.0126
gender: 1-0	0.05899	0.05973	0.988	0.324	0.0616
job_M: 1-0	0.08518	0.06785	1.255	0.210	0.0889
job_S: 1-0	−0.06706	0.08113	−0.827	0.409	−0.0700
satisfaction	−0.55984	0.03196	−17.515	<.001	−0.6121

*Represents reference level

■ Model Comparison

한편 종속변수에 대해 독립변수만을 투입한 2단계 분석 모형1과 독립변수와 매개변수를 함께 투입한 3단계 분석 모형2 사이에서의 설명력 변화량(ΔR^2)은 .296이고 통계적으로 유의미한 것으로 확인되었다. 이는 독립변수 하나만 투입된 경우보다 독립변수와 매개변수가 모두 투입된 모형이 종속변수인 이직의도를 더 잘 설명하고 있음을 나타낸다.

Model Comparisons

Comparison						
Model	Model	ΔR^2	F	df1	df2	p
1	− 2	0.296	307	1	322	<.001

독립변수의 종속변수에 대한 영향은 그 경로가 직접적인지, 간접적인지에 따라 직접효과와 간접효과로 분해할 수 있다. 위 분석에서 동료애의 직무만족에 대한 영향(a)은 .401이고, 그 영향의 일부(b)인 56.0%가 이직의도에 영향을 주므로, 동료애의 영향을 이직의도로 전달하는 직무만족의 매개효과는 a×b로 표현되고 .225의 간접효과를 가지는 것으로 해석된다. 또한, 간접효과의 영향을 배제한 독립변수의 영향은 c'로 표현되고 .285의 직접효과를 가지는 것으로 해석되며, 두 효과를 합한 총효과(c)는 .510이라고 할 수 있다. 종합하면 총효과는 직접효과와 간접효과의 합이며, 수식으로는 c=c'+(a×b)로 정리할 수 있다.

효과	수리적 관계	비표준화(B)	표준화(β)
간접효과(매개효과)	a×b	.401 x .560=.225	.453 x .612=.277
직접효과	c'	.285	.352
총효과	c	.510	.629

분석 결과를 종합하면, 구성원들이 느끼는 동료애는 그 자체로서 이직의도를 감소시키는 직접적인 요인일 뿐만 아니라, 직무만족도의 향상에도 영향을 미쳐 이를 통해 간접적으로도 이직의도를 줄이는 데 기여한다는 것을 알 수 있다. 또한, 동료애와 직무만족의 두 요소를 함께 고려하는 것이 구성원들의 이직의도를 더 잘 이해하고 설명할 수 있는 접근이라는 것도 알게 되었다. 이처럼 정교한 분석을 활용한다면 구성원들이 이직을 생각하지 않고 오래도록 회사와 함께할 수 있도록 하기 위한 개입의 포인트를 효과적으로 결정할 수 있을 것이다.

더 알아보기 1

본 장에서는 Baron & Kenny(1986)가 제안한 조건과 절차에 따라 매개변수의 매개효과를 분석하였다. 하지만 더욱 치밀하고 정확한 분석을 위해서는 소벨 검정(Sobel test)을 통해 결과를 재확인해보는 것이 좋다. 두 방법 모두 매개효과 분석에 사용되나 간혹 결과가 다르게 나오는 경우가 있고, 만약 그렇다면 (고통스럽지만) 연구 모형과 분석의 정확성에 대한 전반적인 재검토의 기회가 될 수 있다. 따라서 여기서는 본 장의 사례를 활용하여 소벨 검정을 시행하는 방법을 소개한다.

> ※ 여러 변수들 사이의 복잡한 관계를 다루는 경로분석(path analysis)과 구조방정식 (structural equation modeling) 등에서는 매개효과 분석을 위해 붓스트래핑(bootstrapping) 방법을 사용하기도 하며, 이에 대해서는 잠시 후 다루기로 한다.

소벨 검정을 위해서는 매개효과 분석의 3단계를 상기할 필요가 있다.

- 1단계. 독립변수 → 매개변수에 대한 분석
- 2단계. 독립변수 → 종속변수에 대한 분석
- 3단계. 독립변수와 매개변수 동시에 투입 → 종속변수에 대한 분석

단계적 분석 후 ① 1단계의 독립변수와 매개변수 사이의 비표준화 회귀계수(a)와 표준 오차(SE_a) 및 ② 3단계의 매개변수와 종속변수 사이의 비표준화 회귀계수(b)와 표준오차 (SE_b)를 확인한다.

이들 값을 다음의 공식에 대입하면 소벨 검정 값(statistic)인 z_{ab}를 구할 수 있고, 결과의 통계적 유의성은 표준정규분포에 근거하여 판단하면 된다. 즉, z_{ab}의 절대값이 1.64를 넘으면 .10의 수준에서, 1.96을 넘으면 .05의 수준에서, 2.56을 넘으면 .01이 수준에서 매개효과가 통계적으로 유의한 것으로 해석할 수 있다.

$$z_{ab} = \frac{a \times b}{\sqrt{(a^2 \times SE_b^2) + (b^2 \times SE_a^2)}}$$

또한, 공식을 통해 직접 계산을 하지 않아도 다음 사이트에 해당 값들을 입력하면 간단히 매개효과의 소벨 검정 값과 유의확률을 구할 수 있다.

- https://www.danielsoper.com/statcalc/calculator.aspx?id=31

사이트에 접속하여 (본 장의 사례에서 확인된) 비표준화 회귀계수와 표준오차를 다음과

같이 입력한다.

- A와 SE_a 칸에 ① 1단계의 독립변수와 매개변수 사이의 비표준화 회귀계수(.401)와 표준오차(.045) 입력(■ Model Coefficients – turnover의 첫 번째 표 확인)
- B와 SE_b 칸에 ② 3단계의 매개변수와 종속변수 사이의 비표준화 회귀계수($-$.560)와 표준오차(.032) 입력(■ Model Coefficients – turnover의 세 번째 표 확인)
- Calculate 버튼 클릭

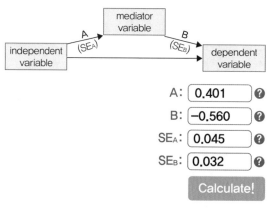

분석 결과 소벨 검정 값인 z = $-$7.941이고 유의확률 p = 0.0으로 표시된 것으로 보아 매개효과가 통계적으로 유의미한 것으로 확인되었다.

더 알아보기 2

본 장에서는 매개효과 분석을 위해 Regression ▶ Linear Regression 기능을 활용하였다. 하지만 jamovi에서는 매개효과 분석을 위한 전용 모듈도 별도로 제공되는데, 메뉴 표시줄 맨 우측의 Modules 아이콘에서 jamovi library를 클릭한 후 리스트에서 medmod

모듈을 찾아 설치하면 된다.

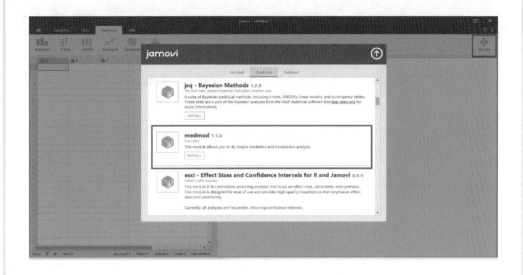

추가된 medmod 모듈을 활용한 매개효과 분석 예시를 위해 이번 장에서 살펴본 <Ch.11. Mediator> 데이터 세트를 활용한다. 특히, 이해의 편의를 위해 통제변수에 대한 고려 없이 동료애가 직무만족을 거쳐 이직의도에 영향을 미치는 단순화된 매개모형을 분석하고자 하며, 이를 위한 방법은 다음과 같다.

1. 「Analyses」 탭의 메뉴 중 medmod ▶ Mediation 클릭
2. Mediation 화면의 좌측 변수리스트 박스에서 turnover를 우측의 Dependent Variable 박스로, satisfaction을 Mediator 박스로, 그리고 fun을 Predictor 박스로 이동
3. 하단의 Estimation Method for SE's 항목에서 Bootstrap(붓스트래핑), Additional Options 항목에서 Path estimates(경로계수 추정), Estimates 항목에서 Labels(라벨), Test statistics(검정 통계) 및 Percent mediation (매개효과 %) 체크

매개효과를 추정한 첫 번째 표(Mediation Estimates)를 통해 이직의도에 대한 동료애의 직접효과(c), 직무만족을 통한 간접효과(a×b), 총효과(c + a×b)가 모두 통계적으로 유의함(p<.001)을 알 수 있고, 이들 효과의 비중까지 확인할 수 있다.

경로계수를 추정한 두 번째 표(Path Estimates)를 통해 동료애 → 직무만족의 경로(a), 직무만족 → 이직의도의 경로(b), 동료애 → 이직의도의 경로(c)가 모두 통계적으로 유의함(p<.001)을 알 수 있다.

Mediation Estimates

Effect	Label	Estimate	SE	Z	p	% Mediation
Indirect	a×b	−0.223	0.0300	−7.43	<.001	44.3
Direct	c	−0.281	0.0242	−11.60	<.001	55.7
Total	c+a×b	−0.504	0.0396	−12.71	<.001	100.0

Path Estimates

			Label	Estimate	SE	Z	p
fun	→	satisfaction	a	0.399	0.0502	7.96	〈.001
satisfaction	→	turnover	b	−0.559	0.0327	−17.10	〈.001
fun	→	turnover	c	−0.281	0.0242	−11.60	〈.001

    따라서 직무만족은 동료애와 이직의도의 관계를 유의미하게 부분 매개하는 것으로 볼 수 있다. 다시 말해, 구성원들의 동료애가 좋아질수록 그 자체로서뿐만 아니라 직무만족의 향상에도 긍정적인 영향을 미침으로써 이직의도를 줄이는 데 기여하는 것으로 해석할 수 있다.

    ※ 참고로 medmod 모듈의 매개효과 검정은 단계적 회귀분석이 아닌 경로분석 접근을 취하고 있으며, 소벨 검정과 붓스트래핑 방식 중 선택이 가능하다. 만약 위의 분석에서 Estimation Method for SE's 항목의 Standard를 체크하였다면 소벨 검정이 수행되었을 것이다. 하지만 여기서 사용된 붓스트래핑은 소벨 검정과 달리 정규성 가정이 필요 없고, 표본을 수차례(여기서는 1,000번) 재추출하는 방식으로 추정의 정확성을 높이는 더욱 강력한 방법으로 평가된다. 또한, 표본을 수차례 재추출하는 방식이므로 분석을 할 때마다 분석값에 미세한 차이가 발생하게 된다는 점도 기억할 필요가 있다.

Chapter 12

인과관계의 정교한 설명과 예측 - 조절효과 분석

시나리오

앞서 11장에서 동료애와 이직의도의 관계에 있어 직무만족의 매개효과를 분석하였다. 그런데 이번에는 매개효과와 달리 동료애와 이직의도 간 관계의 강도에 영향을 미치는 제3의 변수가 있을 수도 있다고 보았다. 예를 들어, 학습 시간이 증가할수록 성적도 올라가는데, 중간중간 선생님의 피드백을 받은 학생들의 성적은 더욱 크게 향상되고 그렇지 않은 학생들의 성적 향상은 그보다 덜한 경우 선생님의 피드백은 학습 시간과 성적의 관계를 조절하는 것이다. 이런 맥락에서, 동료애가 이직의도에 영향을 미치는 데 있어 직무스트레스의 수준이 상대적으로 높은 직원들과 낮은 직원들 사이에 어떤 차이가 있는지, 또는 남성과 여성 사이에 차이가 있는지 등을 살펴볼 수 있을 것이다. 직원들이 느끼는 직무스트레스나 그들의 성별이 동료애와 이직의도의 관계를 조절하는 요인이 될 수도 있기 때문이다.

이제 인사팀 A는 동료애가 이직의도에 영향을 미칠 때, 그러한 영향력의 크기 또는 방향에 변화를 가져올 수 있는 직무스트레스와 성별을 조절변수로 고려한 수준 높은 회귀분석을 시행하고자 한다.

본 장의 시나리오에 대한 분석을 위해 다음의 통계 방법을 활용한다.

- 기술통계
- 조절효과(moderation effect) 분석

핵심 용어

- 조절변수
- 순수조절변수(pure moderator), 의사조절변수(quasi moderator)
- 평균중심화(mean centering)
- 상호작용항

❶ 분석 목적과 방법

변수들 사이의 관계를 다각적으로 분석하는 방법들 중 앞 장의 매개효과 분석에 이어 여기서는 조절효과 분석에 대해 알아본다. 조절효과는 독립변수가 종속변수에 미치는 영향력의 강도가 또 다른 변수에 의해 조절된다는 뜻인데, 여기서는 동료애와 이직의도의 영향 관계를 조절하는 변수와 그 효과에 대해 살펴보고자 한다.

1) 기본 정보 분석 - 기술통계

변수들에 대한 평균, 표준편차 등을 살펴보고 왜도, 첨도 등을 통해 분석 데이터의 정규성을 검토한다.

2) 직무스트레스의 조절효과 분석 - 연속형 변수의 조절효과 분석

구성원들과의 관계가 좋으면 이직하고자 하는 마음이 줄어들 수 있지만 다른 요인들, 예를 들어, 개인이 직무에서 느끼는 스트레스의 정도에 의해 이런 마음이 더욱 증폭되거나 경감될 수 있을 것이다. 따라서 동료애와 이직의도의 영향 관계에서 구성원들의 직무스트레스가 조절 역할을 하는지 통계적으로 분석해 보고자 한다.

3) 성별의 조절효과 분석 - 범주형 변수의 조절효과 분석

동료애 수준이 이직의도로 이어지는 정도가 성별에 따라서도 영향을 받을 수 있을 것이다. 남성 또는 여성이 구성원들과의 관계에 더욱 민감하게 반응하여 이직을 생각할 수 있기 때문이다. 따라서 동료애와 이직의도의 영향 관계에서 성별이 조절 역할을 하는지 통계적으로 분석해 보고자 한다.

> 📊 **통계 개념. 조절효과 분석**
>
> 독립변수가 종속변수에 미치는 영향의 방향 및 강도에 변화를 초래하는 변수를 조절변수라 하고, 이 조절변수가 수행하는 역할을 조절효과라 한다. 다시 말해, 독립변수의 종속변수에 대한 영향은 조절변수의 수준에 따라 달라지고, 이런 이유로 조절효과는 독립변수와 조절변수가 상호작용하여

종속변수에 영향을 미치는 현상이라고 설명할 수 있다(서영석, 2010; Baron & Kenny, 1986). 이를 도식화하면 아래 그림과 같은데, 앞서 살펴본 매개효과와 비교하여 살펴보면 두 효과의 차이를 이해하는 데 더욱 효과적이다.

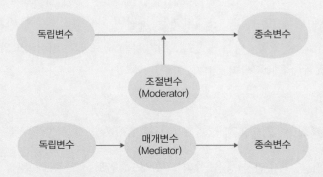

조절효과의 분석은 독립변수, 조절변수, 독립변수와 조절변수의 상호작용항이 각각 종속변수에 미치는 영향을 단계적 다중 회귀분석을 활용하여 살펴보면 되는데, 이를 위한 절차는 다음과 같다.

- 첫째, 독립변수와 조절변수에 대해 평균중심화하고, (평균중심화된) 독립변수와 조절변수의 상호작용항을 생성한다.
- 둘째, 종속변수 및 (평균중심화된) 독립변수와 조절변수를 투입한 분석모형에 대해 회귀분석을 실시하여 회귀계수 a와 b의 유의성을 검토한다.
- 셋째, 위 회귀분석 모형에 상호작용항을 추가로 투입한 분석모형에 대해 회귀분석을 실시하고, 그 결과 상호작용항의 회귀계수 c가 통계적으로 유의한지 여부를 기준으로 조절효과를 판단한다.

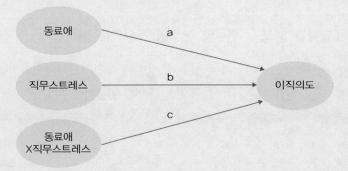

또한, 매개효과를 완전매개와 부분매개로 구분한 것과 마찬가지로, 회귀계수 b가 통계적으로 유의하지 않고 c가 통계적으로 유의미한 경우 순수조절변수라고 하고, b와 c 모두 통계적으로 유의미한 경우 의사조절변수라고 한다(우형록, 2015).

한편, 조절변수가 연속형이 아닌 범주형 변수인 경우 해당 변수를 더미 코딩하여 상호작용항을 만들어야 한다는 점을 유의해야 하고, 그 외에는 단계적 회귀분석을 적용하는 절차로서 연속형 자료의 조절효과 분석과 차이가 없다.

❷ 통계를 활용한 분석

분석을 위해 데이터를 엑셀 파일에서 정리한 후 <Ch.12. Moderator>로 저장한다. 엑셀 데이터 정리 시 열2의 성별과 3-4까지의 직군 변수는 더미 처리, 열 11-12는 동료애와 직무 스트레스 변수를 평균중심화, 열 13-14는 동료애와 직무스트레스 변수 및 동료애와 성별 변수를 상호작용항 처리한 것이다.

✎ Tips

조절효과 분석을 위한 데이터 세트 구성 시 평균중심화와 상호작용항 생성에 대한 이해와 조치가 필요하다. 조절효과는 달리 말하면, 독립변수와 조절변수의 상호작용 효과를 말하고, 따라서 이의 분석을 위해서는 두 변수의 상호작용항을 만들어 종속변수와의 통계적 관계를 살펴봐야 한다. 그런데 상호작용항은 독립변수와 조절변수의 곱이기 때문에 이들과 상관이 높을 수밖에 없고, 이는 필연적으로 다중공선성 문제를 수반하게 된다. 따라서 독립변수와 조절변수를 평균중심화(원래의 값에서 평균값을 빼 편차값 개념으로 변환)하고, 이렇게 변환된 변수로 상호작용항을 만들어 분석을 시행하면 통계적으로는 차이가 없으면서도 다중공선성의 문제를 줄일 수 있는 것으로 알려져 있다(설현수, 2019; Cohen et al., 2003).

엑셀에서 평균중심화로 변수를 생성하는 방법과 상호작용항을 만드는 방법은 다음 그림과 같다. 먼저 K2와 L2셀에 동료애와 직무스트레스 변수를 다음과 같이 평균중심화한다. 편차 개념에 부합하도록 개별 원자료에서 해당 변수 전체 자료의 평균을 뺀 값을 산출하는 것이다.

- K2 = G2-AVERAGE($G$2:$G$330)
- L2 = J2-AVERAGE($J$2:$J$330)

이어서 동료애와 직무스트레스 및 동료애와 성별의 상호작용항을 만드는 방법은 더욱 간단하다. 수식을 활용하여 M2와 N2셀에 상호작용하는 두 변수를 곱해주기만 하면 된다.

- M2(셀) = K2 × L2
- N2(셀) = K2 × B2

	A	B	G	I	J	K	L	M	N
1	ID	gender	fun	turnover	stress	c_fun	c_stress	m_fun_stress	m_fun_gen
2	1	1	5	5	3	0.419453	-0.89666	-0.376105173	0.419452888
3	2	1	5	4	2	0.419453	-1.89666	-0.79555806	0.419452888
4	3	0	6	3	1	1.419453	-2.89666	-4.111667483	0
5	5	1	3	5	4	-1.58055	0.103343	-0.163339215	-1.580547112
6	6	0	3	7	7	-1.58055	3.103343	-4.904980553	0
7	7	1	5	4	2	0.419453	-1.89666	-0.79555806	0.419452888
8	9	0	3	5	3	-1.58055	-0.89666	1.417207897	0
9	10	1	4	4	3	-0.58055	-0.89666	0.520551362	-0.580547112
10	11	1	4	5	4	-0.58055	0.103343	-0.05999575	-0.580547112
11	12	0	3	7	5	-1.58055	1.103343	-1.743886328	0
12	13	1	4	5	3	-0.58055	-0.89666	0.520551362	-0.580547112

N2셀의 동료애와 성별 상호작용항 생성 시 현재 성별(gender) 변수가 여성=0, 남성=1로 더미변수 처리된 것이고, 더미변수는 평균중심화를 할 필요가 없으므로 동료애만 평균중심화한 후 곱하면 된다.

※ 편의상 일부 변수(칼럼)는 숨김처리하여 그림에 제시되지 않았음.

<Ch.12. Moderator>

열1 (ID). 사번

열2 (gender). 성별(남성 1, 여성 0으로 더미 코딩)

열3 (job_M). 직군_생산직(생산직 1, 생산직 외 0으로 더미 코딩)

열4 (job_S). 직군_서비스직(서비스직 1, 서비스직 외 0으로 더미 코딩)

열5 (tenure). 재직기간

열6 (trust). 신뢰

열7 (fun). 동료애

열8 (pride). 자부심

열9 (turnover). 이직의도

열10 (stress). 직무스트레스

열11 (c_fun). 동료애(평균중심화)

열12 (c_stress). 직무스트레스(평균중심화)

열13 (m_fun_stress). 동료애×직무스트레스(상호작용항)

열14 (m_fun_gen). 동료애×성별(상호작용항)

---

jamovi에서 <Ch.12. Moderator> 파일을 ≡ ▶ Open ▶ This PC ▶ Browse의 순서로 불러온 후, 분석에 앞서 「Data」 탭의 Setup 버튼을 클릭하여 데이터 척도를 지정한다. 여기에

서는 ID는 ID로, gender, job_M, job_S 변수는 명목척도로, tenure, trust, fun, pride, turnover, stress, c_fun, c_stress, m_fun_stress, m_fun_gen 변수는 연속척도로 지정한다.

1) 기본 정보 분석 – 기술통계

검토하고자 하는 변수들의 평균, 표준편차 등 기본 정보를 살펴볼 필요가 있다. 또한, 이 변수들의 자료가 정규 분포를 충족하는지를 검토해야 하며, 이를 위한 분석 절차는 다음과 같다.

1. 「Analyses」 탭의 메뉴 중 Exploration ▶ Descriptives 클릭
2. Descriptives 화면의 좌측 변수리스트 박스에서 범주형 변수를 제외하고 tenure, trust, fun, pride, turnover, stress, c_fun, c_stress, m_fun_stress, m_fun_gen 변수를 우측 Variables 박스로 이동
3. 하단의 'Statistics' 기능을 클릭하여 N(데이터 개수), Missing(결측치), Mean(평균), Median(중간값), Std. deviation(표준편차), Minimum(최소값), Maximum(최대값) 외에 Skewness(왜도), Kurtosis(첨도) 체크

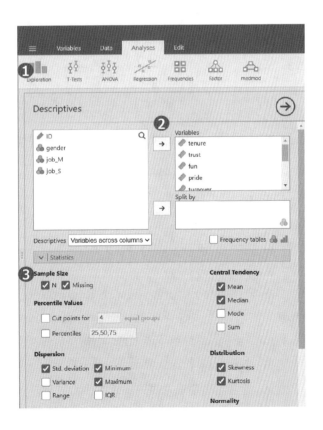

기술통계 분석의 결과는 다음과 같으며, 정규성 확인을 위해 왜도와 첨도 값을 검토한 결과 모든 변수들이 정규성을 확보하고 있음이 확인되었다.

Descriptives

	tenure	trust	fun	pride	turnover	stress	c_fun	c_stress	m_fun_stress	m_fun_gen
N	329	329	329	329	329	329	329	329	329	329
Missing	0	0	0	0	0	0	0	0	0	0
Mean	9.24	4.13	4.58	4.28	4.86	3.90	4.62e−10	−4.56e−11	−0.578	0.0802
Median	9	4	5	4	5	4	0.419	0.103	−0.0600	0.00
Standard deviation	6.01	0.952	1.18	0.944	0.958	1.31	1.18	1.31	1.90	0.780
Minimum	1	1	1	1	2	1	−3.58	−2.90	−8.01	−2.58
Maximum	21	7	7	7	7	7	2.42	3.10	4.89	2.42
Skewness	0.171	−0.00830	−0.456	−0.300	0.0255	0.561	−0.456	0.561	−1.31	−0.0809
Std. error skewness	0.134	0.134	0.134	0.134	0.134	0.134	0.134	0.134	0.134	0.134
Kurtosis	−1.19	0.544	−0.209	0.707	0.653	−0.325	−0.209	−0.325	3.98	2.17
Std. error kurtosis	0.268	0.268	0.268	0.268	0.268	0.268	0.268	0.268	0.268	0.268

2) 직무스트레스의 조절효과 분석 - 연속형 변수의 조절효과 분석

동료애가 이직의도에 미치는 영향에 있어 연속형 변수인 직무스트레스의 조절효과 분석은 다음과 같은 절차로 이루어진다. 주요 관심 변수인 동료애는 독립변수, 이직의도는 종속변수, 그리고 직무스트레스는 조절변수에 해당하며, 단계적 다중 회귀분석 방식을 활용한다(범주형 변수인 성별과 직군, 연속형 변수인 재직기간을 통제변수로 함께 투입).

1. 「Analyses」 탭의 메뉴 중 Regression ▶ Linear Regression 클릭
2. Linear Regression 화면의 좌측 변수리스트 박스에서 turnover를 우측의 Dependent Variable 박스로, c_fun, c_stress, m_fun_stress 및 tenure는 Covariates 박스로, gender, job_M, job_S는 Factors 박스로 이동
3. 'Model Builder' 기능을 클릭하여 다음과 같이 설정

- 먼저 통제변수인 gender, job_M, job_S, tenure와 평균중심화한 c_fun, c_stress 변수를 Blocks 박스의 Block 1로 이동
- 이어서 Add New Block 버튼을 활용하여 Block 2를 생성한 후 동료애와 직무스트레스의 상호작용항인 m_fun_stress 변수를 Block 2로 이동

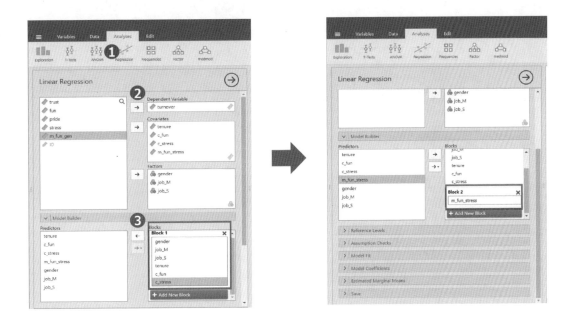

4. 기타 분석 기능들에 대한 선택사항은 다음과 같이 설정
- 'Reference Levels' 기능은 별도로 설정하지 않음
- 'Assumption Checks' 기능에서 Collinearity statistics 체크
- 'Model Fit' 기능에서 Fit Measures 항목의 R, R^2, Adjusted R^2 체크 및 Overall Model Test 항목의 F test 체크
- 'Model Coefficients' 기능에서 Standardized estimate 체크
- 'Estimated Marginal Means' 기능은 별도로 설정하지 않음
- 'Save' 기능은 별도로 설정하지 않음

제시되는 결과 중 (선형 회귀분석 관련 내용은 9장에서 상세하게 다루었으므로) 여기에서는 조절효과 분석에 초점을 맞추어 다음과 같이 해석한다.

■ Model Coefficients

첫 번째 회귀분석은 이직의도를 종속변수로, 통제변수들(성별, 직군, 재직기간)과 동료애(평균중심화) 및 직무스트레스(평균중심화)를 독립변수로 투입한 결과이다. 동료애와 직무스트레스 변수 모두 통계적으로 유의하다는 것을 알 수 있다.

Model Coefficients - turnover(Mode 1)

Predictor	Estimate	SE	t	p	Stand. Estimate
Intercept*	4.7824	0.08774	54.5064	⟨.001	
gender: 1-0	0.1031	0.07808	1.3198	0.188	0.10760
job_M: 1-0	0.0831	0.08834	0.9410	0.347	0.08680
job_S: 1-0	0.0411	0.10504	0.3911	0.696	0.04290
tenure	-6.50e-4	0.00656	-0.0992	0.921	-0.00408
c_fun	-0.4159	0.03603	-11.5413	⟨.001	-0.51319
c_stress	0.2317	0.03213	7.2096	⟨.001	0.31678

*Represents reference level

■ Model Comparison & Model Coefficients

두 번째 회귀분석은 첫 번째 분석 모형에 (평균중심화한) 동료애와 직무스트레스의 상호작용항을 추가로 투입한 결과이다. 먼저 첫 번째 모형과 두 번째 모형 사이의 설명력 변화를 보면, 크지는 않지만 통계적으로 유의미한($\Delta R^2 = .011$, p = .009) 변화가 있었음을 알 수 있다. 이는 추가된 상호작용항이 모형의 설명력을 유의미하게 증가시켰음을 의미하고, 잠정적으로 유의미한 조절효과가 있을 것을 암시한다.

Model Comparisons

Comparison		$\triangle R^2$	F	df1	df2	p
Model	Model					
1	– 2	0.0110	6.93	1	321	0.009

일반적으로 상호작용항의 추가로 모형의 설명력이 통계적으로 유의미하게 증가하였다면 그 상호작용의 회귀계수 또한 유의미하게 나타난다. 물론 상호작용항이 여러 개 추가된 경우라면 이들 중 어느 하나라도 유의미하게 나타난 것이므로 개별 상호작용항의 회귀계수들을 모두 확인해야 한다.

여기서는 동료애와 직무스트레스의 상호작용항(m_fun_stress)의 회귀계수(B = −.056, p = .009)가 통계적으로 유의미하였으므로 조절효과가 있는 것으로 해석할 수 있다. 한편 이때 (평균중심화 한) 직무스트레스 변수(c_stress)의 회귀계수(B = .216, p < .001)도 통계적으로 유의미한 것으로 나타났으므로 직무스트레스는 의사조절변수에 해당한다고 볼 수 있다.

Model Coefficients - turnover(Model 2)

Predictor	Estimate	SE	t	p	Stand. Estimate
Intercept*	4.7385	0.08853	53.527	〈 .001	
gender: 1-0	0.111	0.07743	1.433	0.153	0.11589
job_M: 1-0	0.0843	0.08754	0.963	0.336	0.08798
job_S: 1-0	0.0129	0.10464	0.123	0.902	0.01346
tenure	7.27E-04	0.00652	0.111	0.911	0.00456
c_fun	−0.4071	0.03586	−11.353	〈 .001	−0.50241
c_stress	0.2158	0.03241	6.657	〈 .001	0.29502
m_fun_stress	−0.0556	0.02112	−2.633	0.009	−0.11009

*Represents reference level

3) 성별의 조절효과 분석 – 범주형 변수의 조절효과 분석

동료애가 이직의도에 미치는 영향에 있어 성별의 조절효과도 살펴볼 수 있다. 이직의도에 영향을 미치는 주요 관심 변수였던 동료애를 독립변수, 성별을 조절변수로 설정하여 다음의 절차로 분석한다(범주형 변수인 직군과 연속형 변수인 재직기간을 통제변수로 함께 투입).

1. 「Analyses」 탭의 메뉴 중 Regression ▶ Linear Regression 클릭
2. Linear Regression 화면의 좌측 변수리스트 박스에서 turnover를 우측의 Dependent Variable 박스로, tenure와 c_fun, m_fun_gen은 Covariates 박스로, gender, job_M, job_S는 Factors 박스로 이동
3. 'Model Builder' 기능을 클릭하여 다음과 같이 설정
- 먼저 통제변수인 job_M, job_S, tenure와 평균중심화한 c_fun 및 gender 변수를 Blocks 박스의 Block 1로 이동
- 이어서 Add New Block 버튼을 활용하여 Block 2를 생성한 후 동료애와 성별의 상호작용 항인 m_fun_gen 변수를 Block 2로 이동

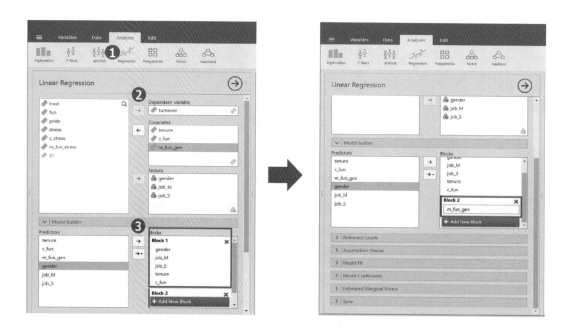

4. 기타 분석 기능들에 대한 선택사항은 다음과 같이 설정
- 'Reference Levels' 기능은 별도로 설정하지 않음
- 'Assumption Checks' 기능에서 Collinearity statistics 체크
- 'Model Fit' 기능에서 Fit Measures 항목의 R, R^2, Adjusted R^2 체크 및 Overall Model Test 항목의 F test 체크
- 'Model Coefficients' 기능에서 Standardized estimate 체크
- 'Estimated Marginal Means' 기능은 별도로 설정하지 않음
- 'Save' 기능은 별도로 설정하지 않음

제시되는 결과는 다음과 같이 해석한다.

■ Model Coefficients

첫 번째 회귀분석은 이직의도를 종속변수로, 성별, 직군, 재직기간, 동료애(평균중심화)를 독립변수로 투입한 결과이다.

Model Coefficients - turnover(Model 1)

Predictor	Estimate	SE	t	p	Stand. Estimate
Intercept*	4.7756	0.09440	50.5859	⟨.001	
gender: 1−0	0.0701	0.08387	0.8357	0.404	0.07319
job_M: 1−0	0.1570	0.09441	1.6625	0.097	0.16389
job_S: 1−0	0.0159	0.11296	0.1405	0.888	0.01657
tenure	−3.25e−4	0.00706	−0.0461	0.963	−0.00204
c_fun	−0.5141	0.03589	−14.3238	⟨.001	−0.63443

*Represents reference level

■ Model Comparisons & Model Coefficients

두 번째 회귀분석은 첫 번째 분석 모형에 (평균중심화한) 동료애와 더미변수인 성별의 상호
작용항을 추가로 투입한 결과이다. 먼저 첫 번째 모형과 두 번째 모형 사이의 설명력 변화
($\Delta R^2 = .009$)가 .05의 수준에서 통계적으로 유의미한 것으로 나타났다. 또한, 상호작용항인
m_fun_gen 변수의 회귀계수(B = .154, p = .032)는 .05 수준에서 통계적으로 유의미하였으나,
성별 변수의 회귀계수(B = .067, p = .425)가 통계적으로 유의미하지 않은 것으로 나타나 성별
은 순수조절변수에 해당한다는 것을 알 수 있다.

Model Comparisons

Comparison						
Model	Model	ΔR^2	F	df1	df2	p
1	−	2	0.00865	4.66	1	322	0.032

Model Coefficients - turnover(Model 2)

Predictor	Estimate	SE	t	p	Stand. Estimate
Intercept*	4.7644	0.09401	50.67758	⟨.001	
gender: 1−0	0.0666	0.08342	0.79818	0.425	0.0695
job_M: 1−0	0.1501	0.09394	1.59756	0.111	0.1567
job_S: 1−0	0.0157	0.11233	0.14007	0.889	0.0164
tenure	−1.22e−5	0.00702	−0.00174	0.999	−7.67e−5

c_fun	−0.5813	0.04736	−12.27524	〈.001	−0.7174
m_fun_gen	0.1535	0.07107	2.15903	0.032	0.1249

*Represents reference level

더 알아보기 1

조절효과 검정에 있어 (통계 분석과 함께) 변수들이 어떤 형태로 상호작용하는지 더욱 이해하기 쉽게 보여주기 위해 종종 단순 기울기 분석을 시행한다.

■ 연속형 변수 단순 기울기 분석

연속형 변수에 대한 단순 기울기 분석은 독립변수와 조절변수 각각에 대해 평균과 ±1 표준편차에 해당하는 지점의 자료를 산출하여 그래프를 작성하며, 절차는 다음과 같다.

첫째, 단순 기울기 분석 그래프 작성을 위해서는 평균중심화된 독립변수와 조절변수의 평균과 표준편차 정보가 필요한데, 평균중심화된 변수의 평균은 0이므로 표준편차 정보만 기술통계 결과를 통해 확인하면 된다. 위 예에서 동료애와 직무스트레스 평균중심화 변수의 표준편차는 각각 1.18과 1.31이므로 각각 (−1.18, 0, 1.18)과 (−1.31, 0, 1.31)의 값이 도출되며, 이후 세 점을 각각 잇는 세 개의 직선 그래프가 생성된다.

둘째, 위 예에서 이직의도를 종속변수로 한 조절효과 분석 결과의 회귀계수를 활용하여 다음과 같이 회귀식을 구성한다(원래는 통제변수까지 포함시킨 회귀식을 구성해야 정확할 것이나 편의상 독립, 조절, 상호작용항 변수를 중심으로 구성하였음).

> 이직의도 = 4.739 + (−0.407 × 동료애) + (0.216 × 직무스트레스) + (−0.056 × 동료애 · 직무스트레스)

셋째, 독립변수와 조절변수의 평균 0과 ±1표준편차를 가로와 세로축으로 하는 3×3 교차표를 만든 후, ①부터 ⑨까지 표시한 각 셀에 회귀식 계산 결과를 입력한다.

직무스트레스 ＼ 동료애	-1×표준편차	평균	1×표준편차
1×표준편차	① 5.59	② 5.02	③ 4.46
평균	④ 5.22	⑤ 4.74	⑥ 4.26
-1×표준편차	⑦ 4.85	⑧ 4.46	⑨ 4.06

회귀식을 활용하여 이직의도를 계산하는 논리는 아래와 같으며, 각주 처리 형식으로 ① 계산식과 ⑨ 계산식을 예로 들어 상세히 설명하였다.

①	=4.739+(-0.407×-1.18a)+(0.216×1.31b)+(-0.056×-1.18×1.31c)
②	=4.739+(-0.407×0)+(0.216×1.31)+(-0.056×0×1.31)
③	=4.739+(-0.407×1.18)+(0.216×1.31)+(-0.056×1.18×1.31)
④	=4.739+(-0.407×-1.18)+(0.216×0)+(-0.056×-1.18×0)
⑤	=4.739+(-0.407×0)+(0.216×0)+(-0.056×0×0)
⑥	=4.739+(-0.407×1.18)+(0.216×0)+(-0.056×1.18×0)
⑦	=4.739+(-0.407×-1.18)+(0.216×-1.31)+(-0.056×-1.18×-1.31)
⑧	=4.739+(-0.407×0)+(0.216×-1.31)+(-0.056×0×-1.31)
⑨	=4.739+(-0.407×1.18d)+(0.216×-1.31e)+(-0.056×1.18×-1.31f)

① 계산식에서 동료애는 -1표준편차이므로 a에서는 -1.18, 직무스트레스는 1 표준편차이므로 b에서는 1.31을 대입했고, 상호작용항은 동료애·직무스트레스이므로 c에서는 -1.18 × 1.31을 대입한다. ⑨ 계산식에서 동료애는 1표준편차이므로 d에서는 1.18, 직무스트레스는 -1표준편차이므로 e에서는 -1.31을 대입했고, 상호작용항은 동료애·직무스트레스이므로 f에서는 1.18 × -1.31을 대입한다.

마지막으로, 위 3×3 교차표의 단순 기울기 분석 자료를 이용하여 다음과 같이 그래프로 표현한다. 이를 통해 직무스트레스가 높은 집단(1표준편차)과 직무스트레스가 낮은 집단(-1표준편차), 그리고 직무스트레스 수준이 평균인 집단 사이에서 동료애와 이직의도 간의 관계가 어떻게 다른지 시각적으로 검토할 수 있다. 이를 해석하면 첫째 직무스트레스는 동료애와 이직의도 간의 관계를 부(-)적으로 조절하고, 둘째 직무스트레스가 높은 집단의 이직의도는 평균적으로 직무스트레스가 낮은 집단보다 높으며, 셋째 직무스트레스가 높은 집단은 낮은 집단보다 동료애가 낮아질 때 더 가파르게 이직의도가 상승한다는 것을 알 수 있다.

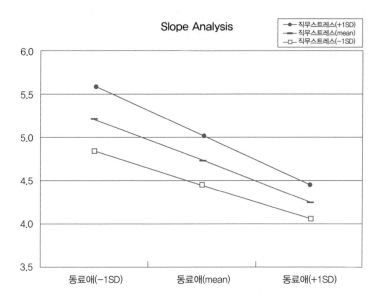

■ 범주형 변수 단순 기울기 분석

연속형 변수에 대한 단순 기울기 분석에 이어 범주형 조절변수인 성별에 대한 단순 기울기 분석에 대해 살펴보기로 한다.

연속형 변수에 대한 단순 기울기 분석은 독립변수와 조절변수 각각에 대해 평균과 ±1 표준편차에 해당하는 지점의 자료를 산출하여 그래프를 작성하며, 절차는 다음과 같다.

첫째, 단순 기울기 분석 그래프 작성을 위해서는 평균중심화된 독립변수와 범주형 조절변수에 대한 기술통계 정보가 필요한데, 위의 예에서 동료애 평균중심화 변수의 표준편차는 1.18이므로 (−1.18, 0, 1.18), 성별은 더미변수로 처리되었으므로 (0, 1)의 값이 도출되며, 이후 세 점을 각각 잇는 두 개의 직선 그래프가 생성된다.

둘째, 위 예에서 이직의도를 종속변수로 한 조절효과 분석 결과의 회귀계수를 활용하여 다음과 같이 회귀식을 구성한다(원래는 통제변수까지 포함시킨 회귀식을 구성해야 정확할 것이나 편의상 독립, 조절, 상호작용항 변수를 중심으로 구성하였음).

이직의도 = 4.764 + (−0.581 × 동료애) + (0.067 × 성별) + (0.154 × 동료애 · 성별)

셋째, 독립변수와 조절변수를 가로와 세로축으로 하는 3×2 교차표를 만든 후, ①부터 ⑥까지 표시한 각 셀에 회귀식 계산 결과를 입력한다.

성별 ＼ 동료애	-1×표준편차	평균	+1×표준편차
남성=1	① 5.34	② 4.83	③ 4.32
여성=0	④ 5.45	⑤ 4.76	⑥ 4.07

회귀식을 활용하여 이직의도를 계산하는 논리는 아래와 같으며, 각주 처리 형식으로 ① 계산식과 ⑥ 계산식을 예로 들어 상세히 설명하였다.

①	=4.764+(-0.581×-1.18a)+(0.067×1b)+(0.154×-1.18×1c)
②	=4.764+(-0.581×0)+(0.067×1)+(0.154×0×1)
③	=4.764+(-0.581×1.18)+(0.067×1)+(0.154×1.18×1)
④	=4.764+(-0.581×-1.18)+(0.067×0)+(0.154×-1.18×0)
⑤	=4.764+(-0.581×0)+(0.067×0)+(0.154×0×0)
⑥	=4.764+(-0.581×1.18d)+(0.067×0e)+(0.154×1.18×0f)

① 계산식에서 동료애는 -1표준편차이므로 a에서는 -1.18, 성별은 남성이므로 b에서는 1을 대입했고, 상호작용항은 동료애·성별이므로 c에서는 -1.18× 1을 대입한다. ⑥ 계산식에서 동료애는 1표준편차이므로 d에서는 1.18, 성별은 여성이므로 e에서는 0을 대입했고, 상호작용항은 동료애·성별이므로 f에서는 1.18×0을 대입한다.

마지막으로, 위 3×2 교차표의 단순 기울기 분석 자료를 이용하여 다음과 같이 그래프로 표현한다. 이를 통해 남성이냐 여성이냐에 따라 동료애와 이직의도 간의 관계가 어떻게 다른지 시각적으로 검토할 수 있다. 이를 해석하면 다음과 같다. 첫째, 성별은 동료애와 이직의도 간의 관계를 부(-)적으로 조절한다. 둘째, 여성의 그래프가 남성의 그래프보다 기울기가 더 가파른 것으로 보아 동료애가 이직의도에 미치는 영향력이 남성보다 여성에서 더 크다. 셋째, 동료애가 낮아질 때 여성이 남성보다 더 가파르게 이직의도가 상승한다는 것을 알 수 있다.

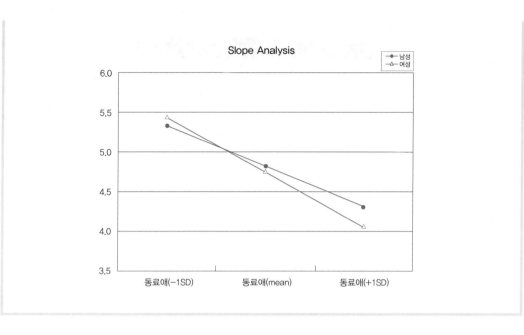

더 알아보기 2

본 장에서는 조절 효과 분석을 위해 Regression ▶ Linear Regression 기능을 활용하였다. 하지만 jamovi에서는 조절 효과 분석을 위한 전용 모듈도 별도로 제공되는데, 앞서 설치한 medmod 모듈이 그것이다.

추가된 medmod 모듈을 활용한 조절효과 분석 예시를 위해 이번 장에서 살펴본 <Ch.12. Moderator> 데이터 세트를 활용한다. 특히, 이해의 편의를 위해 통제변수 및 평균중심화에 대한 고려 없이 동료애(fun)와 이직의도(turnover)의 영향 관계에서 구성원들의 직무스트레스(stress)가 조절 역할을 하는지에 대한 단순화된 조절모형을 분석하고자 하며, 이를 위한 방법은 다음과 같다.

1. 「Analyses」 탭의 메뉴 중 medmod ▶ Moderation 클릭
2. Moderation 화면의 좌측 변수리스트 박스에서 turnover를 우측의 Dependent Variable 박스로, stress를 Moderator 박스로, 그리고 fun을 Predictor 박스로 이동
3. 하단의 Estimation Method for SE's 항목에서 Bootstrap(붓스트래핑), Simple Slope Analysis 항목에서 Estimates(추정)과 Plot(그래프), Estimates 항목에서 Test statistics(검정 통계) 체크

조절효과를 추정한 첫 번째 표(Moderation Estimates)를 통해 동료애와 직무스트레스의 상호작용항이 .05의 수준에서 통계적으로 유의미(B = − .05, p = .017)하다는 것을 알 수 있다. 이는 직무스트레스가 이직의도에 대한 동료애의 효과를 부(−)적으로 조절하고 있다는 것을 의미한다.

※ 참고로, 여기서 수행한 붓스트래핑은 표본을 수차례 재추출하는 (여기서는 1,000번) 방식이므로 분석을 할 때마다 분석값에 미세한 차이가 발생할 수 있다.

Moderation Estimates

	Estimate	SE	Z	p
fun	−0.3967	0.0378	−10.65	〈.001
stress	0.2181	0.0341	6.39	〈.001
fun*stress	−0.0531	0.0229	−2.39	0.017

이어서, Simple Slope Analysis 항목에서 Estimates(추정)과 Plot(그래프)을 체크하여 시행한 단순 기울기 분석 결과도 표와 그래프로 제시된다. 표를 통해 직무스트레스가 높은 경우(1표준편차)와 낮은 경우(−1표준편차) 모두 동료애가 이직의도에 유의미한 부적 영향

을 미치고 있음을 알 수 있다. 또한, 그래프를 보면 직무스트레스가 낮은 집단보다 높은 집단에서 동료애가 높아질수록 더 가파르게 이직의도가 낮아진다는 것도 시각적으로 쉽게 확인할 수 있다.

Simple Slope Estimates

	Estimate	SE	Z	p
Average	−0.397	0.0379	−10.46	⟨.001
Low (−1SD)	−0.327	0.0584	−5.60	⟨.001
High (+1SD)	−0.466	0.0334	−13.95	⟨.001

Note. shows the effect of the predictor (fun) on the dependent variable (turnover) at different levels of the moderator (stress)

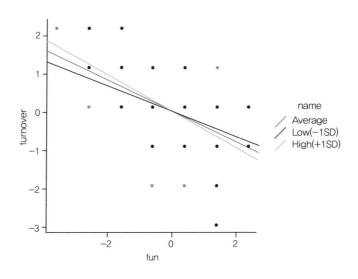

분석 결과를 종합하면, 직무스트레스는 동료애의 이직의도에 대한 영향 관계에서 유의미한 조절효과를 가지며, 직무스트레스가 높은 집단에서 동료애 상승에 따른 이직의도의 감소 경향이 더 뚜렷한 것으로 보인다. 이는 구성원들의 이직을 줄이기 위해서는 동료애 향상과 직무스트레스 경감 및 이들의 시너지를 극대화할 수 있는 각종 전략이 유효할 것임을 시사하고 있다.

측정 도구 적정성 검토 - 타당도와 신뢰도 분석

시나리오

기업B에서는 최근 대표이사가 주재하는 직원 간담회에서 고객접점 부서 직원의 직무스트레스 관리 이슈가 대두되었다. 이에 기업문화팀에서는 먼저 직원들의 직무스트레스 수준을 정확히 파악하는 것부터 시작하기로 하고, 이를 위한 조사 도구들을 검토한 끝에 한국산업안전공단 주관으로 개발된 '한국인 직무스트레스 측정 도구'(장세진 외, 2005)가 적절한 대안이 될 것으로 보았다.

기업문화팀에서는 이 도구를 최적화하기 위해 내외부 전문가를 선정하여 '직무스트레스 진단 TF'를 구성하였다. TF에서는 위 측정 도구에 대한 검토를 통해 직무의 특성과 관련한 요인보다는 스트레스에 영향을 미치는 환경적 요인 중심으로 진단 도구를 구성하기로 하였다. 이에 기존 진단 도구의 일부 문항은 배제하고 환경적 요인인 조직체계, 근무환경, 직장문화, 보상 등 4개 영역 21개 문항을 선정하였고, 몇몇 문항의 표현을 회사에 맞게 다듬은 후 진단을 실시하기로 하였다.

나아가 이와 같은 인적 검토만으로는 충분하지 않다고 판단되어 설문 데이터에 대한 통계적 검토를 병행하기로 하였다. 다시 말해, 조사 도구의 항목들이 직무스트레스를 유발하는 환경적 요인들을 적절히 측정하고 있는지, 동일 요인에 해당하는 문항들은 서로 일관성이 있는지 등을 통계적 기법을 활용하여 분석하고자 한다.

본 장의 시나리오에 대한 분석을 위해 다음의 통계 방법을 활용한다.

- 탐색적 요인분석(exploratory factor analysis. EFA)
- 확인적 요인분석(confirmatory factor analysis. CFA)
- 내적 일관성 분석(internal consistency analysis)

- 타당도(validity)
- 신뢰도(reliability)
- 요인추출(factor extraction), 요인 회전(factor rotation), 요인부하량(factor loading)
- 모형 적합도(model fit), χ^2, CFI, TLI, RMSEA
- 크론바흐 알파(Cronbach's α)
- 주성분 분석(principal component analysis), 공통요인 분석(common factor analysis)

❶ 분석 목적과 방법

설문 결과에 대한 전반적인 현황 파악과 심층 분석의 출발점으로서 기술통계 분석, 측정하고 자 하는 요인을 문항들이 적절히 측정하고 있는지에 대한 타당도 분석, 동일 요인을 측정하는 문항들 사이에 일관성이 있는지 신뢰도 분석에 대해 살펴본다.

1) 기본 정보 분석 - 기술통계

고객접점 부서 직원의 직무스트레스 진단을 위해 조직체계, 근무환경, 직장문화, 보상 등의 4개 영역 21개 문항으로 구성된 진단지를 개발하여 설문을 시행하였고, 이제 문항별 응답에 대한 평균, 표준편차 등 기술통계를 통해 전반적인 스트레스 현황을 파악하고자 한다.

2) 측정 도구의 타당도 검정 - 탐색적 요인분석

설문 응답을 집계한 결과 특정 스트레스 요인의 수치가 높거나 낮게 나왔다 하더라도 애초에 측정 도구 자체에 문제가 있었다면 결과를 적절히 해석하기 어려울 것이다. 이런 점에서 측정 도구의 타당성을 확보하는 것은 필수적인데, 전문가들의 내용적 검토를 거쳤더라도 설문 참여 자의 실제 응답 자료를 통계적으로 분석하여 도구의 타당도를 확인할 필요가 있다. 따라서 설문 의 조사 문항들이 직무스트레스의 구성 요인들을 정확하게 측정하고 있는지 요인분석 방법을 활 용하여 확인하고자 한다. 특히, (학습 목적상) 기존 도구에서 출발하였으나 회사에 최적화하는 과정에서 수정이 있었다는 점에 착안하여 탐색적 요인분석을 통해 타당도를 살펴보고자 한다.

3) 측정 도구의 타당도 검정 - 확인적 요인분석

어떤 조사 도구가 견고한 이론적 기반 위에 있고, 오랜 기간에 걸쳐 다양한 대상에게 활용되 어 왔으며, 전문가들의 내용적 검토까지 거쳤다면 상당한 타당성을 갖춘 것으로 볼 수 있다. 이 경우에는 문항들의 공통(잠재) 요인을 새롭게 찾아내는 탐색적 접근보다 설문 참여자의 실 제 응답 자료를 통계적으로 분석하여 해당 도구가 적합한 것이었는지 확인하는 접근이 더 적절 할 것이다. 따라서 여기서는 (학습 목적상) 검증된 기존 도구를 근간으로 하였다는 점에 착안하 여 확인적 요인분석을 통해 타당도를 살펴보고자 한다.

인간의 인지, 감정, 행동 등을 측정하기 위한 설문에서는 하나의 상위 개념(공통요인, 구인, 잠재변수)을 측정하기 위해 복수의 질문(문항)을 해야 하는 경우가 많다. 이럴 때 복수의 문항들은 반드시 다른 요인이 아닌 해당 요인을 물어보는 결과로 수렴되어야 한다. 만약 문항들 가운데 어느 한두 개가 해당 요인이 아닌 다른 요인에 수렴되거나 어디에도 수렴되지 않는다면 적절한 문항이라고 보기 어렵고 이를 활용한 결과의 해석 또한 왜곡될 것이기 때문이다. 이처럼 복수의 측정 문항들을 포괄하는 공통요인을 찾거나, 복수의 요인과 이들에 대한 복수의 문항으로 구성된 측정 도구의 타당성을 검토하기 위한 통계적 방법이 요인분석이다.

요인분석은 일반적으로 탐색적 요인분석(EFA)과 확인적 요인분석(CFA)으로 구분된다. 탐색적 요인분석은 새로운 조사 도구를 개발하거나 기존의 도구를 재구성하는 등 요인의 수나 구조에 대한 근거가 명확하지 않은 경우의 타당도 검정 방법인 데 반해, 확인적 요인분석은 이미 충분히 검증된 도구의 요인 구조가 분석하고자 하는 데이터에 적합한지를 확인하려는 목적을 가진다. 다시 말해, 탐색적 요인분석은 모든 측정 문항이 모든 요인과 관련이 있을 수 있다고 가정하고 탐색적으로 접근하여 요인의 수와 구조를 찾아내지만, 확인적 요인분석은 요인과 측정 문항들의 관계에 대한 실증적 뒷받침을 근거로 요인의 수와 구조를 고정한 상태에서 데이터가 적절히 수렴되는지 확인하는 방법이라고 할 수 있다(김태성, 장지현, 백평구, 2019).

한편, 요인분석을 할 때 사례(케이스) 수는 어느 정도가 적정한지 의문이 있을 수 있다. 이에 대한 절대적 기준은 없지만 가급적 많을수록 좋고, 최소한 문항 수와 사례 수의 비율이 1:5(Tabachnick & Fidell, 2001) 또는 1:10(Costello & Osborne, 2005; Nunally, 1978)은 되어야 하는 것으로 권장된다.

4) 측정 도구의 신뢰도 검정 - 내적 일관성 분석

직무스트레스의 정밀한 진단을 위해 스트레스에 영향을 주는 요인을 크게 네 개로 구분하고 각 요인에 대해 복수의 문항들로 설문을 구성하였다. 따라서 요소별 복수의 문항들은 모두 일관되게 해당 요소를 측정해야 하는데, 실제로 응답자들에게 그렇게 받아들여졌는지 분석할 필요가 있다. 다시 말해, 문항들이 얼마나 내적 일관성이 있는지가 진단 도구의 신뢰도를 판단하는 중요한 기준이 되는데, 여기에서는 크론바흐 알파(Cronbach's α) 분석을 통해 이를 확인하고자 한다.

일반적으로 신뢰도 분석은 요인분석을 통한 타당도 검토와 동시에 이루어진다. 신뢰도를 검토하는 방법은 검사-재검사법, 동형검사법, 반분검사법 등 여러 가지가 있으나 현실적인 시행의 어려움과 한계가 있다. 따라서 조사 도구의 신뢰도 측정을 위해서는 일거에 시행된 조사에서 같은 개념을 측정하는 문항들끼리의 내적 일관성을 검토하는 크론바흐 알파 방법이 널리 활용된다.

크론바흐 알파를 활용한 신뢰도 분석은 요인분석을 통해 하나의 공통요인으로 확인된 문항들끼리 시행한다. 다시 말해, 요인분석에서 직무스트레스의 구성 요인이 네 개로 확인되었다면, 이들 각각의 요인을 측정하는 문항들끼리 묶어 크론바흐 알파계수를 분석한다. 가령 근무환경 요인을 측정하는 문항이 여섯 개라면 이들 여섯 개 문항들만으로, 직장문화 요인을 측정하는 문항이 네 개라면 이들 네 개 문항만으로 분석하는 등, 요인별 문항들끼리 묶어 신뢰도 분석을 해야 한다.

크론바흐 알파 분석 시 추가 옵션을 통해 개별 문항이 삭제될 경우의 알파계수도 확인할 수 있는데, 이때 특정 문항 삭제 시 알파계수가 크게 상승한다면 해당 문항의 수정이나 삭제를 검토할 수도 있다. 물론 어떤 특정 문항 제거 시 알파계수의 상당한 향상이 확인되었다 하더라도(선행연구 검토와 요인분석이 체계적으로 잘 이루어지면 이런 경우는 드물다) 수치에만 의존하여 기계적으로 수정이나 삭제를 하는 것은 바람직하지 않다. 그보다는 요인분석 결과, 전문가의 내용 타당도 검토, 기타 논리적 근거 등을 함께 고려해야 하고, 특히 2개 이상의 문항이 이런 경우에 해당될 때는 한 번에 모두 수정하거나 삭제하기보다 가장 문제가 되는 문항부터 하나씩 순차적으로 검토를 진행하는 것이 바람직하다(우형록, 2015).

❷ 통계를 활용한 분석

분석을 위해 설문 결과를 엑셀 파일에서 정리한 후 <Ch.13. Stress>로 저장한다. 준비된 데이터 세트의 각 변수명과 내용은 다음과 같다.

<Ch.13. Stress>
열1 (ID). 사번
열2~열7 (structure). 조직체계 1~6
열8~열13 (condition). 근무환경 1~6

열14~열17 (culture). 직장문화 1~4
열18~열22 (pay). 보상 1~5

이어서 jamovi에서 <Ch.13. Stress> 파일을 ≡ ▶ Open ▶ This PC ▶ Browse의 순서로 불러온 후, 분석에 앞서 「Data」 탭의 Setup 버튼을 클릭하여 데이터 척도를 지정한다. 여기에서는 ID는 ID로, 나머지 변수는 모두 연속척도로 지정한다.

1) 기본 정보 분석 - 기술통계

직무스트레스 진단 문항에 대한 전반적인 현황 파악과 데이터의 정규성 검정을 위해 기술통계를 실시하며, 이를 위한 분석 절차는 다음과 같다.

1. 「Analyses」 탭의 메뉴 중 Exploration ▶ Descriptives 클릭
2. Descriptives 화면 좌측의 변수리스트 바스에서 structure_1부터 pay_5까지 21개 문항 모두를 우측 'Variables' 박스로 이동
3. 하단의 'Statistics' 기능을 클릭하여 N(데이터 개수), Missing(결측치), Mean(평균), Std. deviation(표준편차), Skewness(왜도), Kurtosis(첨도) 체크

총 21개 문항에 대한 기술통계 분석 실시 결과 structure_1 문항의 평균이 4.15로 가장 높고 pay_1과 pay_5 문항의 평균이 1.32로 가장 낮은 것으로 나타났다(아래 표에는 분석 결과의 일부만 수록되었으며, 전체 결과는 jamovi의 결과 창 확인 필요). 또한, 데이터의 정규성 확인을 위해 왜도와 첨도 값을 검토한 결과 모든 문항이 왜도 ±3, 첨도 ±10의 기준에서 정규성을 확보하고 있어(Kline, 2015), 이 데이터 세트는 이어서 실행할 요인분석에 문제가 없을 것으로 판단되었다.

Descriptives

	structure_1	structure_2	structure_3	structure_4	structure_5	structure_6	condition_1	condition_2	condition_3	condition_4	condition_5	condition_6
N	272	272	272	272	272	272	272	272	272	272	272	272
Missing	0	0	0	0	0	0	0	0	0	0	0	0
Mean	4.15	4.04	3.85	3.56	3.78	3.75	3.80	3.48	3.61	3.64	3.72	3.51
Standard deviation	0.705	0.691	0.818	0.849	0.820	0.827	0.850	0.960	0.821	0.802	0.811	0.819
Skewness	−0.730	−0.531	−0.562	−0.137	−0.672	−0.482	−0.508	−0.388	−0.0558	−0.389	−0.416	−0.340
Std. error skewness	0.148	0.148	0.148	0.148	0.148	0.148	0.148	0.148	0.148	0.148	0.148	0.148
Kurtosis	0.930	0.616	0.218	−0.397	0.543	−0.169	−0.0395	−0.546	−0.524	−0.243	0.226	0.113
Std. error kurtosis	0.294	0.294	0.294	0.294	0.294	0.294	0.294	0.294	0.294	0.294	0.294	0.294

2) 측정 도구의 타당성 검정 - 탐색적 요인분석

조사 도구의 타당도를 살펴보기 위해 (기존 도구에서 출발하였으나 회사에 최적화하는 과정에서 상당한 수정이 있었다는 가정하에) 탐색적 요인분석을 시행하고자 하며, 이를 위한 절차는 다음과 같다.

1. 「Analyses」 탭의 메뉴 중 Factor ▶ Exploratory Factor Analysis 클릭
2. Exploratory Factor Analysis 화면 좌측의 변수리스트 박스에서 ID를 제외한 문항들을 모두 선택한 후 우측 Variables 박스로 이동
3. 하단의 분석 관련 선택사항은 다음과 같이 설정
- Method(방법) 항목에서 Extraction(추출)은 Maximum likelihood(최대우도), Rotation(회전)은 Oblimin 선택
- Number of Factors(요인 수) 항목에서 Based on parallel analysis(평행성 분석 기반) 선택
- Assumption Checks(기본가정 확인) 항목에서 Bartlett's test of sphericity(구형성 검정)

과 KMO measure of sampling adequacy(표집 적절성 측정) 체크
- Factor Loadings(요인부하량) 항목에서 디폴트 .3을 일반적 요인부하량 기준인 .5로 조정
- Additional Output(부가 산출물) 항목에서 Factor summary(요인 요약) 체크

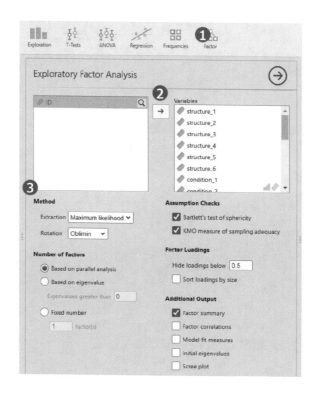

결과 창에 탐색적 요인분석의 다양한 결과가 제시된다. 특히, jamovi에서는 분석 결과를 요인부하량부터 제시하고 있으나, 통상 다음의 순서로 해석하는 것이 일반적이다.

■ Assumption Checks

탐색적 요인분석은 본격적인 요인 추출에 앞서 분석하려는 데이터 세트가 요인분석에 적절한지를 살펴보는 것에서 시작되는데, 이를 위한 방법으로 투입된 문항들 사이의 상관을 검정하는 Bartlett 구형성 검정과 KMO 표집 적절성 측정이 있다. 여기서는 Bartlett 구형성 검정 값이 2639(df = 210, p < .001)로 유의수준 .001에서 유의하고, 개별 문항들의 KMO 값들도 통상의 기준인 .5를 넘어 이 데이터 세트는 요인분석 시행을 위한 가정을 충족하였다고 볼 수 있다.

Bartlett's Test of Sphericity

χ^2	df	p
2639	210	⟨.001

KMO Measure of Sampling Adequacy

	MSA
Overall	0.878
structure_1	0.850
structure_2	0.883
structure_3	0.914
structure_4	0.908
structure_5	0.937
structure_6	0.913
condition_1	0.882
condition_2	0.861
condition_3	0.856
condition_4	0.922
condition_5	0.933
condition_6	0.925
culture_1	0.807
culture_2	0.843
culture_3	0.825
culture_4	0.844
pay_1	0.817
pay_2	0.857
pay_3	0.835
pay_4	0.868
pay_5	0.821

✏ Tips

만약 구형성 검정 결과가 통계적으로 유의하지 않다면 문항들 사이에 상관이 없어 요인분석이 적절치 않음을 의미하고, KMO 측정값이 .5보다 작은 문항이 있다면 해당 문항의 삭제를 검토할 필요가 있다는 점을 유념해야 한다.

■ Exploratory Factor Analysis

분석 결과표는 측정 문항들이 네 개의 요인으로 수렴된다는 점과 어떤 문항들이 어떤 잠재변인에 수렴되는지를 요인부하량과 함께 일목요연하게 보여준다. 요인부하량 기준치인 .5 미만이거나 두 개의 요인에 교차 수렴되는 문항들이 있다면 이들의 요인부하량은 공란으로 제시되는데, 본 요인분석에서는 확인되지 않았다. 만약 요인부하량이 표시되지 않은 문항이 있었다면 이는 해당 요인에 대한 타당한 문항이라고 보기 어려워 분석에서 제외를 검토할 수 있다.

Factor Loadings

	Factor				Uniqueness
	1	2	3	4	
structure_1	0.852				0.367
structure_2	0.756				0.404
structure_3	0.656				0.442
structure_4	0.622				0.480
structure_5	0.529				0.490
structure_6	0.550				0.503
condition_1		0.523			0.502
condition_2		0.765			0.443
condition_3		0.700			0.581
condition_4		0.732			0.372
condition_5		0.570			0.634
condition_6		0.653			0.445
culture_1				0.687	0.512
culture_2				0.631	0.570
culture_3				0.634	0.604
culture_4				0.560	0.605
pay_1			0.849		0.346
pay_2			0.686		0.451
pay_3			0.680		0.394
pay_4			0.659		0.438
pay_5			0.809		0.356

Note. 'Maximum likelihood' extraction method was used in combination with a 'oblimin' rotation

✎ **Tips**

- **요인 추출**: jamovi는 탐색적 요인분석의 요인 추출 방법으로 최소잔차(minimul residuals), 최대우도(maximum likelihood), 주축분해(principal axis) 등 세 가지 방법을 제공하며, 데이터가 정규분포일 때는 일반적으로 최대우도법이 활용된다.
- **요인 회전**: jamovi는 다섯 가지 요인 회전 옵션을 제공하고 있지만, 통상 요인들 사이에 상관이

있다면 이를 고려한 회전 방법인 Oblimin, 요인 간 상관이 전혀 없다면 Varimax 방식이 널리 활용된다. Varimax는 직각 회전 방식으로 해석이 용이하다는 장점이 있으나, 요인들이 완벽하게 상호 배타적인 경우가 아니라면 상관을 허용하는 사각 회전 방식인 Oblimin을 사용하는 것이 바람직하다(Costello & Osborne, 2005).

- 요인의 수: jamovi는 요인의 수와 관련하여 평행성 분석(parallel analysis), 고유값(eigenvalue), 개수 지정(fixed number) 등의 세 가지 옵션을 제공한다. 일반적으로 고유값을 기준으로 요인 수를 결정하는 방법이 탐색적 요인분석에서 많이 사용되나, 분석 데이터 및 동일 크기의 가상의 데이터로부터 생성된 고유값들을 비교하는 평행성 분석이 더욱 정확한 방법으로 제시된다(Zwick & Velicer, 1986). 또한, 요인의 수를 지정하여 추출할 수도 있는데, 이는 확인적 요인분석과 유사한 접근으로 자의적 판단이 아닌 관련 이론이나 선행연구 등의 근거가 명확할 때 사용할 수 있다.
- 요인부하량: 특정 잠재변수가 해당 항목들에 갖는 영향의 크기를 요인부하량(요인적재치, 요인계수)이라고 하며, 일반적으로 .5 이상이 바람직한 것으로 제시된다(Costello & Osborne, 2005).
- 고유분산: 요인부하량 결과표 맨 우측의 Uniqueness는 해당 문항의 고유분산을 나타낸다. 가령 structure_1(조직체계 1) 문항의 고유분산은 .367로 이는 다른 변수들과 공유되지 않는 분산의 비율이 36.7%라는 것을 의미하는데, 일반적으로 문항의 고유분산이 클수록 잠재변인과 해당 문항의 관련성이 낮아지는 것으로 볼 수 있다.

■ Factor Statistics

추가로 제시된 요약표에서는 요인분석을 통해 추출된 요인들의 고유값(SS Loadings), 분산비율(% of Variance), 누적비율(Cumulative %)이 제공된다. 고유값은 개별 문항들의 요인부하량 제곱합으로 각 요인의 설명력을 의미하며, 여기서는 요인 1의 설명력이 가장 크다는 것을 알 수 있다. 이는 해석상 분산비율과 크게 다르지 않은데, 가령 요인 1은 전체 분산의 15.18%, 요인 2는 14.96%, 요인 3은 13.84%, 요인 4는 8.69%를 설명한다는 뜻으로 고유값의 크기와 비례한다. 또한, 누적비율은 요인들 전체를 누적했을 때의 분산비율을 의미하며, 여기서는 네 개의 요인이 직무스트레스의 전체 분산 52.7%를 설명한다는 것으로 이해할 수 있다.

Summary

Factor	SS Loadings	% of Variance	Cumulative %
1	3.19	15.18	15.2
2	3.14	14.96	30.1
3	2.91	13.84	44.0
4	1.82	8.69	52.7

3) 측정 도구의 타당성 검정 - 확인적 요인분석

조사 도구의 타당도를 살펴보기 위해 (검증된 기존 도구를 거의 원안대로 사용하였다는 가정 하에) 확인적 요인분석을 시행하고자 하며, 이를 위한 절차는 다음과 같다.

1. 「Analyses」 탭의 메뉴 중 Factor ▶ Confirmatory Factor Analysis 클릭
2. Confirmatory Factor Analysis 화면 좌측의 변수리스트 박스에서 첫 번째 요인에 해당하는 structure_1부터 structure_6까지의 문항을 선택한 후 우측 Factors 박스로 이동한 후 Factor 1의 이름을 Structure로 지정
3. Add New Factor 버튼을 눌러 같은 방법으로 Factor 2, 3, 4 추가 및 Condition, Culture, Pay로 각각의 이름 지정
4. 하단의 분석 관련 선택사항은 다음과 같이 설정

- Options(선택) 기능에서 Missing Values Method(결측값 처리 방법)는 Full information maximum likelihood(완전정보최대우도), Constraints(고정)는 Scale factor = scale first indicator(첫 문항 고정) 선택
- Estimates(추정치) 기능에서 Statistics는 Test statistics(검정 통계치) 및 Standardized estimate(표준화 추정치) 선택
- Model Fit(모형 적합성) 기능에서 디폴트로 설정된 x^2 test, CFI, TLI, RMSEA 확인

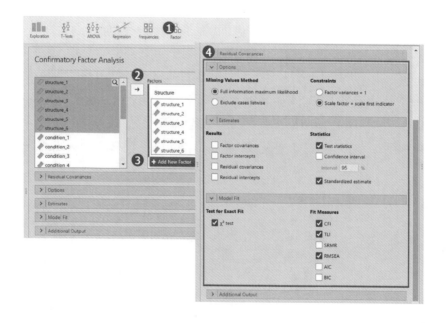

결과 창에 확인적 요인분석의 다양한 결과가 제시된다. 특히, jamovi에서는 분석 결과를 요인부하량부터 제시하고 있으나, 통상 다음의 순서로 해석하는 것이 일반적이다.

■ Model Fit

적합성 관련 두 개의 표에서는 x^2 검정 및 다양한 지수들을 토대로 한 확인적 요인분석 모형의 적합도 분석 결과가 제시된다. 여기서 통계적으로 유의한 x^2 검정 결과는 조사 도구와 설문 데이터의 요인 구조가 일치하지 않음을 의미하지만, 적합도 분석에서 x^2 검정보다 중요하게 고려되는 CFI, TLI, RMSEA 등 다른 적합도 지수들은 모두 기준을 충족하고 있으므로 모형의 적합성에 문제가 없는 것으로 판단할 수 있다.

Test for Exact Fit

x^2	df	p
363	183	⟨.001

Fit Measures

CFI	TLI	RMSEA	RMSEA 90% CI	
			Lower	Upper
0.929	0.918	0.0601	0.0510	0.0691

✎ Tips

• 모형 적합도 분석에 있어 x^2 검정 결과는 통계적으로 유의하지 않을 때, 즉 기대치와 관측치 사이에 유의한 차이가 없을 때 해당 모형을 지지한다고 볼 수 있다. 하지만 통상 x^2 검정은 사례의 수(표본의 크기)에 민감하게 반응하는 속성이 있어 모형 적합도 분석에서 결정적인 역할을 하지는 않으며, 이보다는 CFI, TLI, RMSEA 등의 적합도 지수가 더욱 중요하게 활용된다.
• 모형 적합도 지수들의 측정치는 일반적으로 CFI와 TLI는 .9 이상, RMSEA는 .08 이하일 때 수용가능한 것으로 간주된다.

■ Confirmatory Factor Analysis

분석 결과표는 잠재변수에 대한 측정 문항들의 요인계수(Estimate)와 유의확률 및 표준화 요인계수(Stand. Estimate) 등을 보여준다. 각 문항의 요인계수, 특히 표준화 요인계수 및 유의확률을 통해 잠재변수에 대한 문항의 적절성을 판단할 수 있는데, 본 분석에서는 통계적으로 유의하지 않은 문항이 없고 모든 문항의 표준화 계수가 .5 이상이므로 도구의 타당성이 양호한 것으로 해석할 수 있다.

Factor Loadings

Factor	Indicator	Estimate	SE	Z	p	Stand. Estimate
Structure	structure_1	1.000[a]				0.733
	structure_2	1.000	0.0820	12.20	〈 .001	0.748
	structure_3	1.203	0.1009	11.93	〈 .001	0.760
	structure_4	1.226	0.1070	11.45	〈 .001	0.746
	structure_5	1.137	0.1022	11.13	〈 .001	0.717
	structure_6	1.123	0.1027	10.93	〈 .001	0.701
Condition	condition_1	1.000[a]				0.716
	condition_2	1.136	0.1023	11.11	〈 .001	0.720
	condition_3	0.823	0.0901	9.14	〈 .001	0.610
	condition_4	1.057	0.0876	12.06	〈 .001	0.802
	condition_5	0.799	0.0873	9.15	〈 .001	0.600
	condition_6	1.003	0.0885	11.34	〈 .001	0.745
Culture	culture_1	1.000[a]				0.700
	culture_2	0.968	0.1120	8.64	〈 .001	0.673
	culture_3	0.697	0.0893	7.80	〈 .001	0.596
	culture_4	0.852	0.1024	8.32	〈 .001	0.630
Pay	pay_1	1.000[a]				0.767
	pay_2	1.214	0.1031	11.77	〈 .001	0.734
	pay_3	1.329	0.1098	12.10	〈 .001	0.784
	pay_4	1.297	0.1088	11.92	〈 .001	0.756
	pay_5	0.958	0.0735	13.03	〈 .001	0.766

[a] fixed parameter

Tips

- 결측값 처리 방법 중 Full information maximum likelihood(FIML) 방법은 결측값이 있다면 그 추정치를 포함하여 분석하는 것으로, 결측값이 있는 해당 사례를 제외하고 분석하는 Exclude cases listwise 방법보다 정보 손실이 적고 통계적 검증력이 좋은 것으로 알려져 있다. 여기서는 결측값이 없으므로 어느 것을 선택했어도 결과는 동일하다.
- 확인적 요인분석에서는 복수의 문항들이 상위 개념을 타당하게 측정하는지 잠재변수를 기준으로 판단하게 된다. 따라서 잠재변수의 분산을 고정하거나(factor variance=1) 해당 하위 문항 중 하나를 고정하는 방법으로 기준을 설정한 후 표준화된 계수들의 크기와 유의성을 분석하게 되는데, 첫 번째 문항을 고정하는(Scale factor = scale first indicator) 방법이 일반적이다. 여기서도 첫 문항 고정 방법을 선택하여 분석하였으며, 잠재변수 고정 방법을 선택했더라도 수치에 차이가 있을 뿐 요인분석 결과는 동일하다.

4) 측정 도구의 신뢰도 검정 - 내적 일관성 분석

진단 도구의 신뢰도 분석을 위해 요인분석으로부터 확인된 조직체계, 근무환경, 직장문화, 보상 등 네 개의 요인별 문항들에 대해 크론바흐 알파계수를 살펴보고자 하며, 이를 위한 절차는 다음과 같다.

1. 「Analyses」 탭의 메뉴 중 Factor ▶ Reliability Analysis 클릭
2. Reliability Analysis 화면 좌측의 변수리스트 박스에서 조직체계 요인에 해당하는 structure_1부터 structure_6까지의 문항들을 우측 Items 박스로 이동(같은 방법으로 근무환경, 직장문화, 보상 요인도 순차적으로 분석)
3. 하단의 분석 관련 선택사항은 다음과 같이 설정
• Scale Statistics 항목에서 Cronbach's α (크론바흐 알파) 체크
• Item Statistics 항목에서 Cronbach's α (if item is dropped)(문항 제거 시 크론바흐 알파) 체크

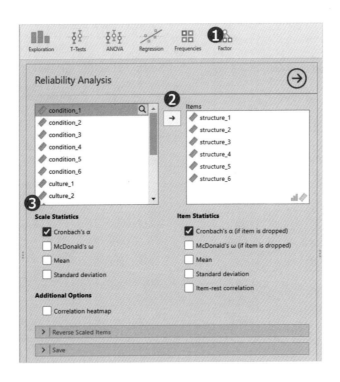

결과 창에 신뢰도 분석을 위한 크로바흐 알파계수 결과가 제시되며, 다음과 같이 해석한다.

■ Scale Reliability Statistics

조직체계(structure) 요인에 대한 크론바흐 알파계수는 .873으로 일반적으로 활용되는 신뢰도 기준인 0.7을 넘는 양호한 수준인 것으로 확인된다. 업무환경(condition)의 크론바흐 알파계수는 .850, 기업문화(culture)는 .743, 보상(pay)은 .867로 모두 양호한 수준의 신뢰도를 가진 것으로 확인된다.

■ Item Reliability Statistics

Item Reliability Statistics에서 if item dropped에 제시되는 값들은 문항들 가운데 특정 문항 하나를 제거했을 때 변화되는 해당 잠재변인의 크론바흐 알파계수이다. 분석 결과 조직체계(structure) 요인의 여섯 문항 중 특정 문항 삭제 시 크론바흐 알파계수가 상승하는 경우는 나타나지 않았다. 마찬가지로 업무환경(condition), 기업문화(culture), 보상(pay) 요인도 특정 문항 삭제 시 크론바흐 알파계수가 크게 상승하는 경우는 없어, 직무스트레스 진단 도구의 요인들은 모두 양호한 신뢰도를 보이는 섯으로 확인되었다.

Scale Reliability Statistics

	Cronbach's α
scale	0.873

Item Reliability Statistics

	if item dropped Cronbach's α
structure_1	0.851
structure_2	0.850
structure_3	0.847
structure_4	0.847
structure_5	0.855
structure_6	0.856

Scale Reliability Statistics

	Cronbach's α
scale	0.850

Item Reliability Statistics

	if item dropped Cronbach's α
condition_1	0.827
condition_2	0.817
condition_3	0.837
condition_4	0.808
condition_5	0.842
condition_6	0.820

Scale Reliability Statistics

	Cronbach's α
scale	0.743

Item Reliability Statistics

	if item dropped
	Cronbach's α
culture_1	0.656
culture_2	0.674
culture_3	0.703
culture_4	0.700

Scale Reliability Statistics

	Cronbach's α
scale	0.867

Item Reliability Statistics

	if item dropped
	Cronbach's α
pay_1[a]	0.839
pay_2[a]	0.843
pay_3[a]	0.830
pay_4[a]	0.842
pay_5[a]	0.842

[a] reverse scaled item

✏️ **Tips**

- Reliability Analysis 하단의 Reverse Scaled Items 기능에서는 문항에 대한 역코딩 분석을 가능하게 해준다. 특정 문항이 역질문이었다면 데이터 세트를 준비할 때 역으로 코딩을 하거나, 만약 그렇지 않았다면 여기에서 조치하여 신뢰도를 분석할 수 있다. 위의 사례에서 보상(pay) 요인의 문항들은 모두 불만족 정도를 물어본 것으로 Reverse Scaled Items 기능을 활용하여 역코딩 분석을 시행하였고, 이에 대한 사항이 주석으로 표시되어 있다.
- Save 기능의 Mean score나 Sum score를 선택하면 잠재변수의 하위 측정 문항들에 대한 평균이나 합계를 데이터 영역에 새로운 열로 추가해 주어 잠재변수를 활용한 후속 분석에 편의를 제공해 준다.

#. 더 알아보기. 주성분 분석 vs. 공통요인 분석

요인분석의 대표적인 방법으로 주성분 분석(principal component analysis), 최대우도법(maximum likelihood), 주축분해법(principal axis factoring) 등이 있다. 주성분 분석은 투입된 변수들의 공통분산과 고유분산을 모두 분석한 결과를 토대로 최대한 많은 분산을 설명하는 소수의 주요 성분을 임의로 추출하는 방법이고, 최대우도법과 주축분해법은 개별 변수들의 고유분산은 제외하고 이들의 공통분산만을 사용해 공통의 잠재 요인을 추출하는 방법이다.

　하지만 주성분 분석은 통계 패키지나 프로세싱 시스템이 취약했던 당시 많은 양의 데이터로부터 소수의 주성분을 찾아 데이터를 단순화하는 방법으로 유효하였으나, 이는 엄밀한 의미에서 요인분석이라기보다 데이터 감소 방법일 뿐이라는 지적이 있다(Costello & Osborne, 2005). 따라서 요인분석을 위해서는 공통요인 분석이 더 적절한 방법이며, 데이터에 대한 사전 검토를 통해 데이터가 정규분포일 때는 최대우도법, 정규분포를 따르지 못할 때는 주축분해법을 활용할 것이 권장된다(Costello & Osborne, 2005; Fabrigar et al., 1999). 그러나, 데이터가 정규분포일 때 주축분해법을 택한다 해도 결과가 상이하게 나타나지는 않는 것으로 알려져 있다.

국립특수교육원(2009). 특수교육학 용어사전. 서울: 하우.

김준우(2015). 설문지 작성법이 추가된 즐거운 SPSS, 풀리는 통계학(3판). 서울: 박영사.

김태성, 장지현, 백평구(2019). 조직의 가치와 목표 중심의 HRD평가. 서울: 박영스토리.

류성진(2013). 커뮤니케이션 통계 방법: 커뮤니케이션 이해 총서. 서울: 커뮤니케이션북스.

박광배(2003). 변량분석과 회귀분석. 서울: 학지사.

서영석(2010). 상담심리 연구에서 매개효과와 조절효과 검증: 개념적 구분 및 자료 분석시 고려사항. 한국심리학회지: 상담 및 심리치료, 22(4), 1147−1168.

서울대학교 교육연구소(2011). 교육학용어사전. 서울: 하우동설.

설현수(2019). jamovi 통계프로그램의 이해와 활용. 서울: 학지사.

성태제(2019). 알기 쉬운 통계분석: 기술통계에서 구조방정식모형까지. 서울: 학지사.

성태제(2019). 현대기초통계학 이해와 적용. 서울: 학지사.

양병화(2016). 심리학 및 사회과학을 위한 조사와 통계분석. 서울: 학지사.

우형록(2015). SPSS, 엑셀 2013으로 풀어 쓴 통계해례. 서울: 책다움.

이종성, 강계남, 김양분, 강상진(2007). 사회과학 연구를 위한 통계방법(4판). 서울: 박영사.

이종성, 강상진, 김양분, 이규민(2018). 사회과학 통계방법. 서울: 박영사.

장세진, 고상백, 강동묵, 김성아, 강명근, 이철갑, 정진주 외(2005). 한국인 직무 스트레스 측정도구의 개발 및 표준화. 대한직업환경의학회지, 17(4), 297−317.

하지철, 이동한(2010). 마케팅조사 실무노트 Ⅲ. 서울: 이담북스.

Baron, R. M., & Kenny, D. A. (1986). The moderator-mediator variable distinction in social psychological research: Conceptual, strategic, and statistical considerations. Journal of personality and social psychology, 51(6), 1173−1182.

Cohen, J. (1988). Statistical power analysis for the behavioral sciences (2nd ed.). Hillsdale. NJ: Lawrence Erlbaum Associates.

Cohen, J., Cohen, P. , West, S. G., & Aiken, L. S. (2003). Applied multiple regression/correlation analysis for the behavioral sciences (3rd ed.). Mahwah, NJ: Lawrence Erlbaum Associates.

Costello, A. B., & Osborne, J. W. (2005). Best practices in exploratory factor analysis: Four recommendations for getting the most from your analysis. Practical Assessment, Research & Evaluation, 10(7), 1−9.

Fabrigar, L. R., Wegener, D. T., MacCallum, R. C., & Strahan, E. J. (1999). Evaluating the use of exploratory factor analysis in psychological research. Psychological Methods, 4(3), 272−299.

Guilford, J. P. (1956). Fundamental statistics in psychology and education (3rd ed.). New York, NY: McGraw−Hill.

Kline, R. B. (2015). Principles and practice of structural equation modeling (4th ed.). New York, NY: Guilford Press.

Nunnally, J. C. (1978). Psychometric theory (2nd Ed.). New York, NY: McGraw−Hill.

Osborne, J. W., & Costello, A. B. (2004). Sample size and subject to item ratio in principal components analysis. Practical Assessment, Research & Evaluation, 9(11). Available online: http://PAREonline.net/getvn.asp?v=9&n=11.

Tabachnick, B. G., & Fidell, L. S. (2001). Using multivariate statistics (4th ed.). New York, NY: Harper Collins.

Zwick, W. R., & Veliccr, W. F. (1986). Comparison of five rules for determining the number of components to retain. Psychological Bulletin, 99(3), 432.

저자약력

김 태 성
연세대학교 교육학과 졸업
펜실베니아 주립대학교 HRD/OD 전공 박사
전 펜실베니아 주립대학교 World Campus Lecturer
전 삼정KPMG Learning & Development 센터 근무
전 크레듀 근무
현재 인천대학교 창의인재개발학과 교수

장 지 현
연세대학교 교육학과 졸업
연세대학교 교육학과 인적자원개발 전공 박사
전 동양미래대학교 교수
현재 연세대학교 교육학과 겸임교수
현재 미래비즈니스아카데미 원장
현재 FMASSOCIATES BUSINESS CONSULTING 위원

백 평 구
연세대학교 교육학과 졸업
중앙대학교 인적자원개발 전공 박사
전 한국생산성본부 핵심역량센터 근무
전 현대오토에버(주) 인사팀 근무
전 중원대학교 경영학과 부교수
현재 국민대학교 교양대학 조교수

제2판
시나리오 중심의 jamovi 통계분석

초판발행   2020년 3월 10일
제2판발행   2023년 2월 20일

지은이   김태성·장지현·백평구
펴낸이   노 현

편 집   배근하
표지디자인   Ben STORY
제 작   고철민·조영환

펴낸곳   ㈜ 피와이메이트
                 서울특별시 금천구 가산디지털2로 53 한라시그마밸리 210호(가산동)
                 등록 2014. 2. 12. 제2018-000080호
전 화   02)733-6771
f a x   02)736-4818
e-mail   pys@pybook.co.kr
homepage   www.pybook.co.kr
I S B N   979-11-6519-369-0 93370

정 가   22,000원

박영스토리는 박영사와 함께하는 브랜드입니다.